심심풀이 땅콩같은 유머!!
유머로 성공을 잡는다!!

유쾌 상쾌 통쾌

심심풀이 땅콩같은 유머!!!! 유머로 성공을 잡는다!!

유래 신래 통래

초판 1쇄 인쇄 ǀ 2007년 10월 25일
초판 3쇄 발행 ǀ 2010년 4월 8일

엮은이 ǀ 인터넷 동호회
펴낸이 ǀ 진성옥 · 오광수
펴낸곳 ǀ 꿈과희망
디자인 · 편집 ǀ 김창숙, 박희진
마케팅 ǀ 김진용
인   쇄 ǀ 보련각 (김영선)
출판등록 ǀ 제1-3077호

주소 ǀ 서울특별시 용산구 원효로 1가 112-4 디아뜨센트럴 217
전화 ǀ 02)2681-2832
팩스 ǀ 02)943-0935
http://www.dreamnhope.com
e-mail ǀ jinsungok@empal.com

ISBN ǀ 978-89-90790-70-5 03810
값 5,000원

심심풀이 땅콩같은 유머!!
유머로 성공을 잡는다!!

유쾌
상쾌
통쾌

인터넷동호회 엮음

꿈과 희망

[책머리]

　세상은 하나의 거울과 같아서 우리가 웃으면 세상도 따라 웃고, 우리들이 찡그리면 세상 또한 찡그립니다. 붉은 색안경을 끼고서 세상을 보면 모든 것이 다 붉은 빛으로 보이기 마련이고, 푸른 색안경을 끼고서 세상을 보면 모든 것이 다 푸르게 보이고, 흐린 안경을 끼면 세상도 모두 흐리고 뿌옇게 보이는 것입니다. 세상의 모든 사물들은 자신을 빛내는 면을 가지고 있습니다. 세상에 웃음을 선물하는 사람은 자신도 곧 웃음을 받는 사람이 됩니다. 아름다운 말, 아름다운 웃음, 아름다운 표정으로 모든 사람을 대하기를 바랍니다. 그러면 세상도 분명히 당신을 그렇게 대해 줄 것입니다.

이제 우리는 우리 얼굴과 가슴속을 시원하게 할 웃음 한 마당을 펼쳐봅니다. 인터넷상에서 많은 사람들이 함께 나누며 함께 즐거워하고 있는 유머들을 한바탕 펼쳐보일 것입니다.

한 마디 유머 속에서 우리는 삶의 희열을 느끼기도 하고, 구석구석 쌓였던 삶의 두꺼운 먼지를 한 방에 밀어내기도 할 것입니다.

이제 우리는 마음껏 웃고 즐기고 미소지으면서 잠시나마 무겁게 짓누르고 있던 삶의 무게를 어깨에서 내려놓는 시간이 될 것입니다.

한바탕 신나게 웃어봅시다.

행복의 첫 번째 비결은 웃는 것이다.
두 번째 비결은 그래서, 웃는 것이다.
세 번째 비결은 그러나, 웃는 것이다.

심심풀이 땅콩같은 유머
유머로 성공을 잡는다!!

유쾌
상쾌
통쾌

이차대전

2004년, 한 독일 남자가 성당에 와서 고해성사를 했다.

"신부님, 저는 죄를 지었습니다. 이차대전 동안 유태인 한 명을 저희 집 다락에 숨겨줬습니다."

"형제여, 그것은 죄가 아닙니다."

"하지만 그 사람으로부터 숙박비를 계속 받았습니다."

"음. 그건 바람직한 방법은 아니었지만, 어쨌든 죄를 진 것은 아닙니다."

"오, 감사합니다 신부님, 제 마음이 훨씬 더 편해졌어요. 그런데 한 가지 여쭤볼 게 있어요."

"말씀하세요."

"이차대전이 끝났다고 얘기를 해줘야 할까요?"

제 친구의 절라 황당한 별명

지금 열심히 군복무를 하고 있는 제 친구넘이 있는데,
그런데 이넘이 쬐끔 늙어 보입니다.

그래서 학창시절에 놀림도 많이 받았져…

늙은이. 할아버지. 애늙은이. 등등의 별명으루…

전 이 친구랑 유치원 다닐 때부터 알고 지냈었습니다.

유치원 때 이 친구의 별명에 대해서 웃기다고 생각한
적은 없었습니다.

그런데 지금 와서 생각하니 절라 웃기네여…^^

유치원 때 이 친구의 별명이 무엇이었는지 아십니까?

그 별명은 바로….

"국민학생"

현실속에

학교 때 여자친구가 있었다. 가는귀가 먹었는지 말귀를 잘 못 알들어서 그렇지 매우 귀엽고 똑똑한 아가씨였다.

하루는 둘이서 부산의 번화가인 남포동 거리를 걷고 있었다.

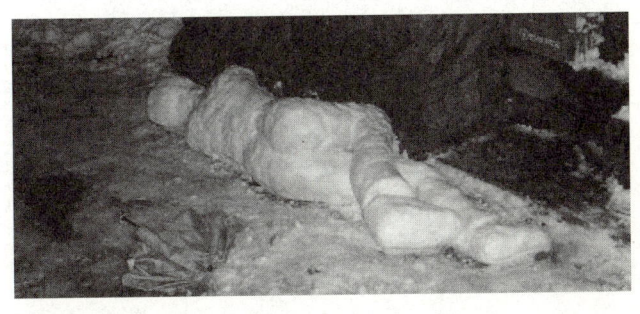

마침 저쪽에서 같은 과 친구인 강말숙이가 걸어오는 게 아닌가.

그녀는 휴학중이라서 우리는 매우 반가워했고 2~3여분 간 길에서 담소를 나누었다. 그리고 나는 "말숙이 연락해!"라고 외치며 서로의 갈 길을 갔다.

그런데 여자친구의 얼굴빛이 심상치 않았다.

우리는 영화를 보고, 늦은 시간까지 같이 있다가 그녀의 집 앞으로 왔다.

그녀의 집 문 앞에서 그녀는 눈동자를 반짝이며 내게 말했다.

'오빠, 뭐 하나 물어봐도 돼?'

'응 뭔데?'

'왜 말숙이가 열라 캡이야?'

시험채점 시간에…

선생님이 학생들에게 정답을 불러주며 답을 맞춰 보고 있었다

그러다 잠깐 헷갈린 선생님이 마지막 문제의 답을 3번인데 2번이라고 잘못 말했다

깜짝 놀란 학생들 대부분이 "에 선생니이임!" 하면서 어리둥절해 하는데, 맨 뒤에 있던 학생 하나가 말했다

"아싸! 한 개 맞았다."

기름으로 가는 지하철

실화…

4호선. 어느 늦은 밤…

한참 꼬박꼬박 졸고 있던 우리 김모양은 옆에서 고래

고래 노래를 외쳐대는 술 취한 아저씨 땜에 눈을 떴다.

　얼떨결에 아저씨와 눈이 맞은 김모양 옆으로 다가온 아저씨가 하는 말…~

　아저씨 : 어이~ 아가씨. 뭐 쫌 물어볼께.

김모양 : (바들바들) 예, 물어보세요.

아저씨 : 이거 기름으루 가는 차 마찌? 커커~~

김모양 : (잉? 이게 무슨 소리다냐? 아. 이럴 때일수록 정신 바짝 차려야 됨…ㅡ_ㅡ+) 아니여. 이건 전기루 가는 차예요.

그 말을 들은 아저씨, 안색이 파래지더니 담 역에서 후다다닥~ 내리고 말았다.

지하철 안 난봉꾼 한 사람을 자신의 힘으루 물리친 (?) 뿌듯함에 김모양은 흐뭇해 했는데…

그리고 다시 잠을 청하기 위해 눈을 감고, 고개를 숙이고 있는데 어렴풋이 들려오는 지하철 안내방송 소리….

안내방송 : 이번 정차역은 길음. 길음역입니다. 내리실 문은 왼쪽입니다….

김모양 : (허거덕. 기름… ㅡ_ㅡa….)

남자의 고민

여자친구를 세 명씩이나 둔 남자가 결혼할 때가 되었다.

세 명 중 누구를 택해야 할지 고민하던 중 돈 100만 원씩을 주며 어떻게 사용하는지 지켜보기로 했다.

첫 번째 여자는 모든 돈을 옷, 보석, 헤어스타일, 미용

등 몸치장하는 데 사용하였다.

"저는 당신을 너무 사랑한 나머지, 당신에게 잘 보이려고 그랬어요."

두 번째 여자는 모든 돈을 골프채, 스테레오, TV 등을 장만하는 데 사용하였다.

"저는 당신을 너무 사랑한 나머지, 당신에게 모든 걸 드리고 싶어서 그랬어요."

세 번째 여자는 모든 돈을 주식에 투자하여 돈을 배로 불려서 가지고 왔다.

"저는 당신을 너무 사랑한 나머지, 확실한 미래를 보여주고 싶었어요."

세 명 모두가 사랑스럽고 마음에 들었다.

하지만 한 명만 선택해야 했다. 그래서…

가슴이 가장 큰 여자로 선택했다.

맹씨 집안의 인물

오늘 학원에서 국어 수업을 받다가
맹**라는 학생이 떠들다가 걸렸는데…
그런데 선생님께서 좀 유머러스하신 분이시라서
"너희 맹씨 집안에는 별로 뜬 사람도 없더라?
아! 외국에 한 명 있네!

맹라이언

인터넷 게시판 가짜 음란물 목록 모음

- 19(금) : TV 화면 구석에 19일 금요일 표시. (가장
많이 나오는 자료) 10 일이 지난 금요일이면 거의 등장.

- 19세 이상만 : 나이 : 19세, 이름 : 이상만 (가장 많

이 나오는 글)

– 24금 : 진짜로 순금(24K)사진. (19(금) 다음으로 자주 나옴)

– 4대 성인사이트 : 예수님, 부처님, 공자님, ….(한 달에 한 번 꼴)

– 강간 후의 장면 : 강가의 모습. (아무것도 없다)

– 여중생 강간 후의 모습 : 위의 내용에 여중생은 지나갔다고 우긴다. (어처구니 없음)

– 키스 후의 므훗? : 애기 둘이서 뽀뽀를 한 후, 하나가 멍 하니 웃는 사진 두 장 (귀엽다.)

– 그룹으로 므훗? : 개가 세 마리 또는 그 이상 출연.

- 삼각? 사각? 관계 : 거의 위의 내용.

　- (긴급)19금 짤리기 전에 보세요 : 이미 엑박.(먼저 본 사람들의 글을 보면 더 궁금하다.)

　- 19가지 체위 가능? : 건강 침대 광고.(성인물과는 전혀 무관)

　- 불법 안마시술소 : 오늘 보셨듯이 고양이 두 마리.

　- 화장실 몰카 : 한 술취한 여자가 오바이트 아니면 그냥 아무도 없는 화장실 (진짜 황당.)

　- 부부셀카므훗? : 주방에서 흥분해서 아내를 불판 위에 올리다 한 대 맞음.

　- 풍만한?? : 아기엉덩이에 여자 속옷 입혔음.(립스

틱 자국은 진짜 속았음.)

– 노팬티 : 만화 주인공이 나옴 (오리)

자기야 안 서?

한 경상도 부부가 다정하게 대화를 나누더니 아내가 손을 들며 스튜어디스를 불렀다.

"뭘 도와드릴까요?"

"저, 한약 좀 따르게 컵 좀…"

스튜어디스는 얼른 컵을 가져다주며 도와드릴 일이 없을까 곁에 서서 지켜봤다.

그러자 아내가 한약을 따라서 남편에게 주면서 말했다.

"자기야, 서?"

"아니. 안 서…"

"자기야 얼른 더 마셔봐~ 서?"

"응~조금 서."

"어때?"

"응! 많이 서!!!"

남편은 얼굴까지 시뻘겋게 변해서 슨다는(?) 것이었다.

스튜어디스가 민망해서 도망치려고 하자 아내가 손을 번쩍 들며 말했다.

"남편이 서(써)서 그런데 사탕 좀…"

텔레뱅킹

50대로 접어드신 작은 아버지가 거래 은행이 너무 멀어서 큰 맘 먹고 델레뱅킹에 가입하셨다!

사용안내서를 은행에서 대충 보시고 난 뒤,

"아! 이 정도면 나도 할 수 있겠구나!"

"텔레뱅킹 별것도 아니네."

하시면서 댁으로 오셨다.

며칠 뒤 송금 문제로 자신있게 수화기를 드신 작은아버지.

무언가를 꾹꾹누르시면서 차근차근히 ARS 안내에 따르셨는데,

채 1분도 안 돼서 끊으시고 다시 하시는 것이었다!

여러번 똑같이 조금 누르시다가 끊고 끊고 하시더니 화에다 짜증에다가 만땅이 되신 작은아버지께서 하시는 말!

"무슨놈의 가시나(ARS 안내)가 자꾸만 장난질이야!"

--- 집안 분위기 갑자기 썰렁 ~ ---

옆에 있던 사촌동생 왈

"아빠 뭐가 잘 안 돼요?"

"아니 무슨 놈의 가시나가 자꾸만 쎄빠트를 자꾸 누르라 하는데, 쎄빠트가 뭐냐?" 라고 물으셨다!

사촌동생 곰곰이 생각 왈~~~~

생각 끝에 내린 결론은

그 쎄빠트는,,,,

다름아닌, # 버튼이었다! (샵버튼)

낙타의 용도

이라크에 있는 미군기갑사단에 부대장이 새로 부임을 하게 되었다.

신임 부대장이 부대를 시찰하다가 낙타를 보고 부관에게 물었다.

"부관! 기갑사단에 낙타가 무슨 소용이 있지?"

"예. 대장님. 사병들이 여자 문제를 해결하는데 이용합니다."

부대장은 대원들의 사기를 생각해서 그냥 넘어갔다.

시간이 흘러, 부임 한 달이 지나자 부대장도 여자 생각이 간절해 낙타를 찾았다.

대장이 한참 일을 치르는 동안 낙타 다리를 잡고 있던 부관이, 대장이 볼 일을 끝내자 땀을 닦으며 이렇게 말하는 것이었다.

"대장님! 우리 대원들이 가끔 낙타를 타고 마을 창녀촌에는 나갑니다만, 이런 희안한 광경은 처음 봅니다."

팥빙수입니다

툐욜에 휴일이라 집에만 있으니 머리가 아파서 집사람과 이것 저것 살겸 할인마트로 갔습니다.

살 거 다 사고 출출해서 마트에 있는 파파이스로 갔습니다.

뭐 먹을까 고민하던 중 팥빙수 용기가 보이길래 직원에게 물어보고 사 먹으려고 했습니다.

직원 : 어서오세요 "파파이스"입니다.

본인 : 지금 팥빙수 되나요?

직원 : 네, 물론이죠.

이때 다른 손님이 들어오더군요.

직원 ->> "어서오세요 팥빙수입니다"

남편 이메일을 훔쳐보다가

남편이 나만 사랑한다고 굳게 믿고 있었다.

하지만 관음증인지… ㅋㅋ 남편의 이멜을 훔쳐보고
싶어졌다.

등 뒤에서 로그인하는 비밀번호를 몰래 훔쳐보고는 나
혼자 있을 때 남편의 이멜을 열었다.

새로온 메일 3통.

클릭…

허~억's ~~~

발신자 : 김윤희

제목 : 오빠 *^^* 오랜만이야~

　미치는 줄 알았다. 새로 온 메일이라 내용을 봤다간 내가 몰래 본 거 들킬 수도 있어 열어보지도 못하겠고, 그렇게 혼자 몇몇일을 가슴을 치며 남편을 의심하고 있었다.

　그후로 며칠이 지나 온갖 상상과 걱정에 반쪽이 되어버린 나.
　컴터를 켜고 내 멜이나 확인해야겠다 하는순간…
　발신자 : 김윤희
　제목 : %^&$&^$$ (야시꾸리한 제목이라 차마 쓸 수가 없음)

　아니, 이건… ㅋㅋㅋ 스펨메일!!!!

어느 여고의 급훈

대학 가서 미팅할래

공장 가서 미싱할래

국민학생 vs 초등학생

장래 희망

국민학생 : 대통령

초등학생 : 의사, 변호사, 선생님, 경찰, 소방관, 운동
선수, 연예인

선생님이나 부모님께 야단맞은 후

국민학생 : 구석에 쪼그리고 앉아 훌쩍거리며 운다.

초등학생 : 凸(ㅡ_ㅡ)凸

부모님의 가장 무서운 벌

국민학생 : (달랑 팬티만 입힌 채) "나가!"

초등학생 : "너 오늘부터 컴퓨터 하지 마!"

방과 후 가는 곳

국민학생 : 놀이터 또는 동네 공터

초등학생 : 주산 / 암산학원, 피아노학원. 게임방 찍고
다시 영어학원

집에서

국민학생 : 어머니 가사일을 도와드린다.

초등학생 : 엄마가 학교숙제를 도와준다.

맞춤법에 대한 생각

국민학생 : 당연히 올바르게 써야 한다고 생각한다.

초등학생 : 구게 몬뒈? ㅋㅋㅋ

가장 좋아하는 음식

국민학생 : 자장면!

초등학생 : 자장면, 햄버거, 피자, 스파게티

선물 받고 싶은 것

국민학생 : 인형, 로봇, 장난감

초등학생 : 휴대폰, 게임기. 디카

즐겨하는 게임

국민학생 : 벽돌깨기, 인베어더, 갤러그, 제비우스, 올

림픽, 붕붕차, 너구리, 버블보블

초등학생 : 포트리스, 스타크래프트, 리니지, 디아블로, 바람의 나라, 어둠의 전설

유행하는 놀이

국민학생 : 땅따먹기, 자치기, 찜뽕, 딱지 / 구슬치기, 팽이 / 공기 / 고무줄 놀이

초등학생 : 고딩놀이, 왕따놀이

존경하는 인물

국민학생 : 이순신, 세종대왕, 아버지

초등학생 : @#$%^&*(연예인)

이성친구

　국민학생 : 이성친구는 커녕 다방구(?)할 때조차 창피해서 손도 못 잡는다.

　초등학생 : ("유치하게 다방 다니냐?") 공개적으로 사귄다.

성(性)적 호기심

　국민학생 : 성인잡지 보다가 들켜 혼난 적이 있다.

　초등학생 : 노모 · 고화질 · 풀버전 찾아다닌다.

키에 대한 생각

국민학생 : 콩나물 많이 먹으면 키 크는 줄 알았다.

초등학생 : DDR을 많이 하면 키가 안 큰다고 알고 있
다.

출생에 관한 의문

국민학생 : 엄마 배꼽에서 나온 줄 알았다.

초등학생 : "나도 제왕절개 했을까?"

양아치 (1)

국민학생 : 아버지 담배 심부름하고 삥땅친다.

초등학생 : 아빠 담배 몰래 훔쳐 핀다.

양아치 (2)

국민학생 : 엄마 지갑에서 돈 훔친다.

초등학생 : 엄마 지갑 들고 가출한다.

엄마, 아빠 똥쌌어

어떤 육아사이트의 실제 이야기를 퍼온 글입니다.

우리 식구는 남편과 나 그리고 네 살 된 딸아이 이렇게 셋이다.

일요일 늦잠을 즐기고 늦은 아침을 하러 나는 일어나

부엌에서 아침준비를 하고 있었다.

아빠 옆에서 자고 있던 딸아이가 방에서 나와 심각한 얼굴로 나를 올려다보며 자꾸만 방으로 가자는 거였다.

"안돼~ 엄마 아침준비 해야 해~"

그럼에도 불구하고 딸아이는 자꾸 안방으로 가자고 했고,

"아빠 똥 쌌단 말이야~~"

라고 말했다.

설마… 하며 딸아이의 손에 이끌려 안방으로 가보니 트렁크팬티를 입고 민망하게 다리를 벌리고 자는 남편의 가랑이 사이로 그것!!이 삐죽 나와 있던 거였다.

웃음이 터지는 걸 애써 참으며 딸아이에게 아빠 똥싼 게 아니라고 설명했지만 딸아이는 아빠가 똥쌌으니 빨리 닦아줘야 한다고 나를 졸라댔다.

초보 아줌마의 운전 매뉴얼

출발 전

1. 화장을 곱게 한다. 1시간…

2. 선글래스는 반드시 착용한다. 비가 오나, 눈이 오나

3. 차를 30분 이상 닦는다.

4. 운전석에 앉는다.

5. 시동을 건 다음 한 번 더 돌려서 '키이이~!' 소리 를 들은 후 완전히 시동이 걸렸음을 확인한다.

6. 백미러로 뒷좌석의 아기를 확인한다.

7. 왼쪽 사이드 미러를 보며 화장을 고친다.

8. 안전벨트를 맨다.

9. 안전벨트를 풀고 줄 꼬인 것을 푼다.

10. 안전벨트를 다시 맨다.

11. 안전벨트를 풀고 핸드백을 옆자리로 옮긴다.

12. 다시 안전벨트를 맨다.

13. 1단기어를 넣는다.

14. 출발과 동시에 시동이 꺼진다.

15. 기어를 3단에서 중립으로 옮긴 다음 다시 1단기 어를 넣는다.

16. 출발한다. 다섯 번 덜컹 거린 후 정상주행한다.

♥주행 도중

1. 시속 50km에 도달한다.

2. 기어를 2단으로 바꾼다.

3. 음악을 듣고 싶다고 느낀다.

4. 오른손으로 카오디오를 켠다.

5. 왜 차선이 두 개나 바뀌어 있는지 이상해 한다.

6. 다시 원래 차선으로 돌아간다.

7. 차선 이동 후 깜빡이를 켜서 차선을 다 옮겼다는 것을 알린다.

8. 뒷차가 빵빵거린다.

9. 여자라서 무시한다고 생각한다.

10. 뒤돌아보며 째려본다.

11. 왜 중앙선을 넘어가 있는지 이상하게 생각한다.

12. 깜박이를 켜고 좌회전할 준비를 한다.

13. 와이퍼가 왜 작동하는지 이상하게 생각하며 끈다.

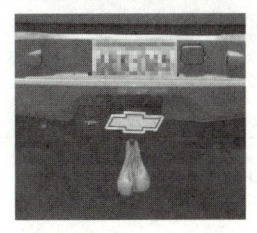

14. 좌회전을 한다.

15. 뒷차가 빵빵거린다.

♥정차시

1. 차선 세 개를 가로질러 우측 차선으로 이동한다.

2. 일렬 주차공간 하나를 발견한다.

3. 20여 분 동안 전진으로 주차 시도한다.

4. 끼어서 이동 불가능 상태가 된다.

5. 20여 분 동안 전진 후진 5cm씩 왔다갔다 한다.

6. 제자리임을 확인한다.

7. 반 쯤 걸쳐놓고 내리다가 뒷차 운전자에게 혼난다.

8. 차를 뺀다.

9. 인도로 차를 올린다.

10. 자동으로 시동이 꺼진다.

11. 기어를 중립으로 놓는다.

12. 사이드 브레이크를 올린다.

13. 차에서 내려 목적지로 간다.

14. 5분 후 뛰어와서 차에 꽂힌 차 키를 뺀다.

15. 목적지로 향한다.

16. 다시 돌아와서 차문을 잠근다.

17. 목적지로 향한다.

18. 10분 후 돌아와서 아기를 데려간다.

남편의 바람

아는 친구의 남편이 바람피워 이혼하자 주변사람들은 잘생긴 남편을 둔 내게 걱정의 눈길을 보내기 시작했다.

"열 여자 싫다는 남자 없다. 니 남편도 저쪽에서 죽자고 덤비는데 싫다 하겠냐. 한번쯤 의심해 봐야 돼."

그래서 의심해 보기로 했다. ㅡ.ㅡ;;

참 이상한 게 그동안 믿어왔는데 의심하기로 작정하

고 지켜보니 모든 점이 의심스럽기 그지 없는 것이다.

그러던 차, 모두가 잠이 든 새벽 한 시, 그 깊은 어둠속에 남편의 핸드폰이 울렸다.

"따다따 따다따~~ 따따다따 따다따~~~~"

자다 벌떡 일어나 전화를 받는 남편, 가만히 상대의 목소리를 듣고만 있더니 알았다고 끊는다.

얼핏 들리기로는 어린 여자 목소리 같았다.

남편은 잠시 고뇌와 번민에 찬 모습으로 갈등하더니 부스럭거리며 일어나 옷을 주섬주섬 챙겨입는다.

그리고 자는 나를 한 번 더 확인하더니, 살금살금 부시럭부시럭 바깥으로 나갔다.

헉!!

설마설마 했더니, 내가 그렇게 믿어왔던 내 남편이…

이 밤중에 다른 사람 전화를 받고 나갔다…

오 마이 갓…

사태를 어떻게 해결해야 할 것인가 순간적으로 머리 뽀개지게 고민했다.

남편이 바람을 피우는데 성인군자인 척할 필요가 어디 있나.

무조건 따라나가 한 대 갈기구 잡구 싸우는 거다.

그러나 만약 남편이 내가 아니라 그눈 편을 들면 우짜지?

오만 생각을 하며 떨리는 가슴으로 앉아 있는데 남편이 돌아오는 소리가 들렸다.

분명, 급하게 나가느라 지갑을 안 들고 간 게다.

배신을 때린 바람난 저 인간을 어떻게 해야 하나…

초당 100바퀴로 머리 굴리다 벌떡 일어나 문 앞에 가서 있었다.

야구방망이 하나만 있었음 딱 좋겠구만 ㅡ.ㅡ;;;

문을 여는 순간,

"으악~" 하고 비명지르며 뒤로 나자빠지는 남편 아니 그 인간.

바람피우는 걸 상대방에게 들켰을 때보다 더 무서울 때가 어디 있겠는가.

"너는 현행범이야. 이제 무슨 변명을 해도 소용 없어. 난 모든 걸 지켜봤어!"

뒤로 자빠진 그 인간 앞에 서서 분노로 씩씩대는 나,

이건 그야말로 완벽한 미스테리물의 한 장면이었다.

"전화한 논이 누구얏!"

슬금슬금 다시 일어나던 남편이 분위기 장난 아님을 깨닫고 사실대로 분다.

"…옆…옆집…여학생…"

머? 옆집 여학생????

아니, 적이 그렇게 가까이 있었더란 말인가??

"그 나쁜 X이 왜 전화한 거얏! 이 밤중에 남의 남자한테! 왜! 왜!!"

남편은 이미 전의를 상실한 듯, 아니면 나를 포기하고 그 X을 택한 듯 잠잠했다.

그리고 정신을 차린 남편은 놀라고 당황하던 조금 전의 모습과 달리 되려 당당해진 모습으로 침대로 갔다.

그러면서 한 마디 던지는 말,

"차 빼달래…."

소년탐정 김전일에서 죽은 사람 수

과연 김전일은 고등학교 2년 동안. 몇 놈이나 죽음으로 인도했을까;;

한 권 한 권 읽으며 세어보기 시작했다. 그리고… 알아냈다.

1. 오페라 극장 살인사건

(001)오리에 – 극장 철제 조명 기구(수백KG)에 압사

(002)하루미 – 철사에 목이 매어진 채 나무에 걸려 사망

(003)오가타 선생 – 뒤통수를 흉기로 얻어맞은 채

나체로 욕조 물에 담겨져 발견

(004)유우지 – 범인임이 밝혀지자 스스로 시간 장치
된 석궁을 가슴에 맞고 자살

2. 미이라의 저주

(005)와까바 – 교회에서 웨딩드레스를 입고 목 없는
시체로 발견

(006)이쯔시키 – 오른쪽 다리가 잘린 채 나무에 거
꾸로 매달려 살해 됨

(007)쿠사나기 – 왼쪽 다리가 잘린 채 자택에서 발
견

(008)키리꼬 – 왼팔이 잘린 채 갑옷 안에서 발견됨

(009)토키타 – 미이라를 보고 심장 발작사

(010)고토 부인 – 자택에서 팔이 잘린 채 나체로 발
견

(011)카부토 – 범인임이 밝혀진 오다기리에게 총격

사

(012)히사히꼬 – 오다기리에게 복수하려다 총격사

(013)오다기리 – 친부임이 밝혀진 카사마츠리에게
총격사

(014)카사마츠리 – 대마밭을 불태우고 오다기리를
죽인 뒤 자살

3. 설야차 전설 사건

(015)리에 – 설야차 가면을 쓴 범인에게 도끼로 살
해됨

(016)아까시 – 살해된 채로 눈사람 속에서 발견

(017)히루다 감독 – 범인에게 리에처럼 도끼로 살해
됨.

(018)미즈누마 – 진범에게 범인의 자살로 위장된 채
살해됨.

4. 7대 불가사의 사건

(019)루이꼬 선배 – 범인에게 교실에서 목이 매달림

(020)오노우에 – 암호를 풀던 중 범인에게 해머로 맞아 사망

(021)마토바 선생 – 범인임이 밝혀지고 차히로의 아버지에 의해 칼에 찔림

5. 비보도 보물 사건

(022)가키모토 – 오두막에서 갈갈이 찢긴 채 발견

(023)야소지마 – 오두막과 함께 통째로 불타버림

(024)히무라 – 범인에게 둔기로 구타당해 살해됨

(025)야오기 – 동굴에서 살해된 채로 발견됨

6. 비련호 전설 사건

(026)구라타 – 얼굴이 짓뭉개진 채로 살해되어 나무

위에서 발견

   (027)가야마 – 역시 얼굴이 망가져서 냉장고 안에서
발견

   (028)고바야시 – 시체를 그리다가 범인에게 도끼로
살해됨

(029)가츠카와 – 범인의 죽음을 위장하기 위해 얼굴이 망가져 현장으로 보내짐

7. 웨스턴 호텔 살인사건

(030)반다이 – 연극을 공연하는 중 독이 든 술을 먹고 죽음

(031)니지가와 – 살해된 채 호텔 밖 눈 속에서 발견

(032)리유타 – 김전일이 방을 비운 사이 범인에게 교살.

(033)카렌 – 범인으로 위장된 채 진범에게 살해당함

8. 자살 학원 사건

(034)후루야 – 피범벅이 된 교실 안에서 목이 매달린 채 발견

(035)무로이 – 후루야 사건 이후 그처럼 되어 발견

됨.

(036)니토 – 자살로 위장된 유서와 함께 교실에서 목이 매달림

9. 무구촌 살인사건

(037)세이마루 – 범인에 의해 아카누마로 위장되어 목이 베어짐

(038)사루히코 – 총구가 막힌 총을 쏘는 실수로 사망.

(039)시노 – 류노스케가 독을 탄 잔을 마시고 사망.

10. 김전일 소년의 살인

(040)다찌바나 – 자기 방에서 범인에게 살해된 채 발견

(041)시노키 – 암호 해독 과정에서 범인에게 살해

– 둔기로 머리 맞음

(042)게이오 – 암호 해독 과정에서 범인에게 살해

– 공사 자재에 깔림

(043)소지로 – 암호 해독 과정에서 범인에게 살해

– 등 뒤에서 칼에 찔림

(044)츠즈키 – 범인임이 밝혀지자 자살.

11. 태로트 산장 살인사건

(045)고로 – 하야미 사장에 의해 실수로 살해당한 뒤 풍차산에 매달림

(046)아카마 – 욕조에서 감전사

(047)하야미 사장 – 범인에 의해 자살로 위장되어 목이 매달림

12. 밀랍인형 살인사건

(048) 토마 – 등 뒤에서 칼에 찔려 사망

(049) 리처드 – 철의 처녀에 의해 살해됨

(050) 쿠사부로 – 목이 매달려 살해됨

(051) 다카가와 – 범인임이 밝혀지고 권총으로 자살

13. 괴도신사의 살인

(052) 가이즈 – 나체로 폭포에 버려져 발견

(053) 가이즈 화백 – 둔기로 뒤통수를 난타당해 살해

(054) 사쿠라 – 범인임을 밝히고 자살함

14. 묘지섬 살인사건

(055) 이사카 – 폭발물에 의해 산산조각남

(056) 요네무라 – 폭발물에 의해 산산조각남

(057) 고노 – 폭발물에 의해 산산조각남

(058) 모리야 – 폭발물에 의해 산산조각남

(059) 데츠노리 – 방공호에서 도살

(060) 쇼헤이 – 옮긴 방공호에서 칼에 찔림

(061) 유지 – 범인임을 밝히고 자살함.

15. 마술열차 살인사건

(062)젠틀 야먀가미 – 머리에 칼이 꽂혀 사망

(063)노블 유라마 – 가슴에 칼이 꽂혀 무대에서 사망

(064)머메이드 유미 – 살해당하고 나무에 매달려 있는 채로 발견.

(065)피에로 사곤지 – 마술을 하던 중 바위 안에서 불타버림

16. 흑사접 살인사건

(066)유리 – 나비처럼 팔이 벌려진 채 나뭇잎 위에서 발견.

(067)다테하 – 야광접에 둘러싸여 살해된 채 발견.

(068)시몬 – 왼팔이 절단 된 채 나비에게 둘러싸여 발견

(069)마사유키 – 범인임을 자백하고 칼로 복부를 찔

러 자살

(070)미도리 – 마사유키와 함께 불을 질러 자살.

17. 프랑스 은화 살인사건

(071)미쓰히코 – 독이 든 잔을 마시고 사망

(072)요쓰케 – 독살당한 채 자기 방에서 발견

(073)사요코 – 밀실에서 독살당함.

18. 마신유적 살인사건

(074)다케루 – 무덤 안에서 교살당한 채 발견

(075)간이치 – 커다란 종이 떨어져 압사

(076)도요히로 – 깨진 거울에 찔려 사망

19. 레이카 유괴 살인사건

(077)야쓰유키 – 레이카를 유괴한 범인에게 총살당함

(078)마나미 – 독을 넣은 커피를 마시고 살해됨.

20. 마견숲

(079)산도 – 발톱에 찢긴 채 발견됨

(080)요로즈야 – 역시 발톱에 찢긴 채 발견

(081)와타나베 – 둔기로 머리를 구타당한 채 발견

21. 은막의 살인마

(082)시게키 – 피를 흘리는 채 8미리 필름으로 공중에 매달려 발견

(083)코지 – 둔기로 구타당해 살해당함

(084)야쓰히로 – 가슴을 칼에 찔린 채 발견

(085)히카루 – 자살로 위장되어 독살당함

22. 공포의 보물찾기

(086)키누요 – 가슴에 십자가가 새겨진 채 살해되어 나체로 발견

(087)후지코 – 곡괭이에 머리가 쪼개져 발견됨

(088)히데아키 – 곡괭이에 머리가 쪼개진 채 물 속에 담겨 발견

(089)하즈키 – 니코틴을 주사당해 독살.

23. 발자국 없는 살인자

(090)하루나 – 오해를 비관하여 자살

(091)후유미 – 목 뒤에 화살이 꽂힌 채 발견

(092)아야카 – 후유미와 동일

24. 러시아인형 살인사건

(093) 진메이 – 목이 잘린 채 욕조에서 발견

(094) 다카라다 – 목이 잘린 채 의자에 앉혀져 발견

(095) 유즈키 – 역시 목이 잘린 채 방에서 발견

25. 공포의 서커스

(096) 에드 – 목이 졸려 죽고 불태워진 채 발견

(097) 샘 – 불타버린 시체로 발견됨.

26. 김전일. 목숨을 걸다.

(098) 후미카 – 엘리베이터에서 시체로 발견

(099) 시노미야 – 동굴에서 칼에 찔려 사망

(100) 마츠오카 – 이마에 총을 맞고 사망.

싸이월드

내 후배는 군인이다.

휴가 나와서 같이 술을 한 잔 하면서 놀았는데 요즘 한창 유행인 싸이월드에 대해 내가 이야기했다.

요즘 싸이월드가 어쩌구 저쩌구

그러더니 그 녀석이 한 마디 하더군

" 형 !! 그거 서울에 있는 거예요??"

전화기가 이상해~~

십 몇년 전 우리 누나의 황당한 행동입니다……ㅡ_ㅡ
ㅋ

당시 3~4살의 나이였던 누나는 엄마와 함께 이모님

집에 갔었드랬지요.

　때마침 전화기의 신비함ㅡ_ㅡ*을 알아가던 때인지라
전화기와 재미있게 놀고 있었대요.

　엄마와의 훈련 끝에 집 전화를 외워왔던 그 어린 것
이… 전화를 걸기로 마음먹었나 봅니다.-0-

　아이가 잘 놀고 있으니 걱정없던 엄마에게 들려온 외
침~~!!

　"엄마아~ '에'가 없어~!!" (123에 4567번으로 걸고 있었음…)

염라대왕의 명판결

염라대왕이 바쁘게 업무를 보고 있는데 바깥이 소란했다.

방금 잡혀온 한 국회의원과 저승사자가 승강이를 벌이고 있었던 것이다.

염라대왕 : 왜 이리 시끄러운고?

저승사자 : 이놈이 지은 죄가 많아 지옥에 보내려고 하는데 자기도 착한 일 한 가지 했으니 천당엘 가야 한다고 우기지 뭡니까?

염라대왕 : 그래 네가 어떤 착한 일을 했느냐?

국회의원 : 그게 말이죠, 제가 길을 가다 500원을 주웠거든요. 그래서 말이죠, 제가 그 500원을 거지에게 줬

거든요.

말을 마친 국회의원은 기세등등하여 천당 갈 마음의 준비를 했다.

염라대왕은 시큰둥해하며 한 마디 했다.

"야, 재 500원 줘서 지옥 보내!"

보상은?

한 여자가 백화점 주차장에 차를 세워두고 나서 쇼핑을 마치고 돌아와보니 차 양쪽의 헤드라이트는 모두 깨져 있고 옆면은 심하게 긁혀 있었다.

여자가 화가 나서 차를 살피고 있는데, 차 와이퍼 쪽에 흰 종이가 꼽혀 있었다.

여자는 속으로 '그래도 양심있는 사람이 있구나' 생

각하고 얼른 그 쪽지를 펴서 읽었다.

[안녕하슈? 정말 미안하게 되었소.

내가 주차시키려다 잘못해서 그만 당신 차를 박고 말았수다.

주위에 목격자들은 지금 분명 내 이름과 주소를 종이에 쓰고 있다고 생각할 꺼유.

쳇! 웃기는 소리 마슈. 정말 미안하게 됐수다!]

그녀를 잃은 후…

TV를 보는데 '자넨 꿈이 뭔가?' 라는 광고가 있었다.

그 광고를 보면서.

무엇에 관한 광고였는지는 정확히 기억할 수는 없지만… 왜 그녀에게서 연락이 없는지… 그 이유만은 분명히 알 수가 있었다.

예전 그녀의 부모님을 첨으로 만났다.

그녀 집에서. 식사가 나오기 전에 이런 저런 애기를 하던 중.

그녀 아버지 : 그래 자넨 꿈이 뭔가?

나 : 네. 멧돼지가 엄마 품으로 들어왔답니다.

그녀 아버지 : -_-;;;

그녀 : ㅠ.ㅠ

나 : -_-a

그 이후로 그녀에게서 연락이 없다 T.T

은행의 전설

은행 다니는 친구가 술 한 잔 하면서 이야기해 줬다.

며칠 전에 대학생으로 보이는 남자가 오더니 통장을 내밀더란다.

친구 : 번호표 뽑고, 여기 번호 울리면 오세요.

남자 : 묵묵히 쳐다보다 뒤쪽으로 걸어갔단다.

띵똥…"

은행에 가봐서 알듯 저 소리와 함께 번호가 울리는 걸

알 수 있다.

순간. 그 남학생은 번호표 대신 쎄콤의 버튼을 누르는
바람에 10분 후 청원경찰들이 들이닥쳤단다… ──;

아마도 술집에서 띵동 누르는 주문벨과 쎄콤벨을 착
각한 듯… ──;

내 친구는 청원경찰들에게 상황 설명을 해줬고…

옆에 있던 선배는 신#은행의 전설적인 이야기를 해
줬단다.

전에 아저씨 한 분께서 지로용지를 들고 은행원 앞으
로 갔단다.

아저씨 : 자동차세 납부하려는데요…

은행원 : 번호표 없으시네. 번호표 뽑아오세요…

시간이 경과하고…. 한참 후.

아저씨께서 뿌듯한 표정으로 은행원 앞으로 와서 지
로와 돈을 내밀었단다.

번호표와 함께….가 아니라 번호판과 함께 ─_─;;;;

차 번호판을 뽑아온 거시였따.

....

그 아저씨는 은행의 전설적인 인물이 되셨다.

수표

어떤 부인이 은행 출납계에 가서 수표를 바꿔달라고 했다.

은행 직원이 부인에게 말했다.

"수표 뒷면에 성함과 전화번호를 적어주세요. "

부인은 말했다.

"수표 발행자가 바로 제 남편이란 말예요. "

"아! 네, 그렇습니까? 그렇지만 수표 뒷면에 이서를 하셔야만 나중에 남편께서 이 수표를 누가 현금으로 바꿔갔는지 아시게 됩니다. "

그제서야 알아들었다는 듯 부인은 고개를 끄덕였다.

부인은 반듯반듯한 글씨로 수표 뒷면에다 다음과 같은 내용을 적었다.

'여보, 저예요.'

훌륭한 효자아들

우리 조카의 실화입니다.

말을 배운 지 얼마 안 됨에도 말을 곧잘 함을 기특하게 여기던 형은 그날도 조카에게 이런 저런 이야기를 시키고 있었습니다.

"xx야~ xx는 나중에 커서 뭐가 되고 싶어?"

조카는 대답했습니다

"대통령"

자신의 귀한 아들이 나중에 대통령이 될지도 모른다는 착각에 빠진 형과 형수는 기쁨을 주체하지 못한 채 이렇게 물었습니다.

"그러면 나중에 XX가 대통령되면 아빠,엄마 뭐 시켜
줄 거야~???"

조카는 계속.생각을 하다가…

"짜장면"

공포의 교관

제가 아는 형이 휴가 나와서 해준 이야기입니다…(지
금 이등병이에요)

훈련병 시절이었는데 어느날 교관이 물어보더랍니
다.

"너네 스타 해 봤나?"

형을 비롯한 다른 훈련병들은 옳타쿠나~

이러면서 스타에 관한 노가리를 까며

좋은 시간을 보낼 줄 알았답니다…

그런데 교관의 한 마디로인해 모든 훈련병들은 입을 다물지 못하고 충격에서 한동안 벗어나지 못하고 헤메었다고 합니다.

"맨날 클릭하다가 클릭당하는 기분이 어때?"

무서운 과학고 녀석들

고등학교 학생들의 책을 보면 이런 말들이 적혀 있는 것을 쉽게 볼수 있다.

"이 책 훔쳐가면 재수한다!"

좀 더 심한 경우에는

"이 책 훔쳐가면 삼수하고 대학 붙은 뒤에 바로 죽는다!"

독서실에서 본 과학고 녀석의 책에는 이렇게 적혀 있더군요.

"이 책 훔쳐가면 한양대 간다!"

'똥' 자 들어간 과자는 없다???

우리과 교수가 과자 이름에 대해 강의를 할 때였다.

"과자이름에 '똥' 이라는 글자가 들어가면 판매에 영

향이 있어 쓰질 않는다… 어떤 식품이나 마찬가지지만…"

이때 옆에 있던 친구가 하는 말…

"있는데요… 마똥산! "

내 친구 구렛나루는 새가슴!!!

내 친구 중 구렛나루에 유난히 집착하는 녀석이 있으니…

그 녀석의 구렛나루는 가히 상상을 초월하는 길이이다.

길게 늘어뜨리면 어깨까지 오는 그 녀석의 구렛나루…

물론 다른 곳의 머리는 짧다 ㅡ_ㅡ;;;

그 녀석은 심한 곱슬이다

1학년 땐 머리를 폈지만 나이가 들자 귀찮아졌는지

곱슬 그대로 살기로 맘 먹었다 한다.

근데 문제는 구렛나루였다.

곱슬인 사람이 기른 구렛나루…본 적 있는가?

지 멋대로 말려서 위로 올라가 있다 −_−;;;

그런 말리는 구렛나루를 억지로 내리고자 그 녀석은
젤+무스+스프레이까지 동원했다.

그렇게 굳힌 구렛나루는 찰랑찰랑한 머리가 아닌 딱
딱하게 굳었다 −_−;;;

상상해 보라. 머리 옆에 고드름 두개를 붙이고 다니는
그 녀석을 −_−;;;;

(1학년 때 놀러가서 술 먹고 죽은 그 녀석 구렛나루
를 머리 밑으로 묶은 채로 찍은 사진은 아직 우리집의
가보다 −_−;;;;)

하지만 그 녀석이 구렛나루를 깎게 되는 사건이 있었
으니….

2학기 초에 녀석은 수업을 듣고 있었다…

그 교수님은 들어오자마자 그 녀석만을 유심히 보는

것이었다.

녀석은 교수님이 자신만을 보고 있다는 것을 느끼고는 다소 당황했다.

하지만 자신이 잘못한 게 없으니 당당하게 고개를 들고 수업을 듣고자 하였으나 교수님은 그 녀석에게 강의실을 나가라는 것이었다.

녀석은 영문도 모른 채 쫓겨났고 그 녀석이 나간 후 교수님은 다른 학생들에게 말했다.

"난 강의 중 딴짓하는 넘들이 제일 싫어… 특히 이어폰 끼고 있는 녀석 !!!

어느 미술 시간에

대학을 갓 졸업하고 처음으로 초등학교에 발령받은 한 미술선생님이 첫 수업시간에 자기가 가장 좋아하는 것을 그리도록 시켰다.

"여러분이 이 세상에서 제일 좋아하는 것을 그려보세요!"

선생님의 말이 끝나자 아이들은 각자 자신이 가장 좋아하는 것들을 그리기 시작했다.

어떤 아이는 엄마 얼굴을, 또 어떤 아이는 장난감이나 컴퓨터를 그리는 아이도 있었다.

흡족해 하며 반을 돌아보던 선생님은 갑자기 한 아이 앞에 서서는 너무나 놀라서 움직일 수가 없었다.

그 아이는 검정색 크레파스를 한 손에 아주 꽉~ 움켜 잡고서 있는 힘을 다해 마구 스케치북 위에다 휘젓고 있는 것이었다.

이것을 본 선생님은 혼자 속으로 생각했다.

'혹시 … 저 아이가 자폐증이 있나?'

궁금했던 선생님은 그 아이에게 다가가서 아주 다정스러운 목소리로 물었다.

"어이구~ 이게 뭐야? 지금 뭐 그리는 거야?"

그러자 그 아이가 손에서 검정색 크레파스를 슬쩍 내려 놓고 선생님을 한 번 쳐다보더니 이상한 미소를 띄우며 말했다.

"김 그리는데요!"

양보

1월초쯤 무척 추운 날이였습니다.

친구와 약속이 있었던 전 서둘리 약속 장소로 출발했습니다.

전 버스를 이용할 이유가 없었고 버스를 거의 안 타봤지만

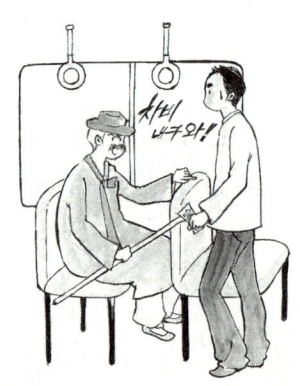

오늘은 날씨가 너무 추워서 할 수 없이 버스를 택했습니다.

추워서 그런지 사람이 조금 있더라구요 -_-;

한 자리가 비었길래 저는 후다닥 자리에 앉았습니다.

몇분 후 어떤 할아버지가 버스에 오르셨습니다.

몸이 별로 안 좋아 보이셔서 저눈 착한 마음에 할아버지께 자리를 양보해 드렸습니다.

할아버지는 자리에 앉더니 주머니를 만지시더니 저에게 천 원을 주시는 것입니다.

아 할아버지가 정말로 고마웠나보다 하고 받을까 하다가 그냥 거절을 했습니다.

근데 할아버지는 계속 저에게 천 원을 밀어주시는 것이었습니다. 저는 그래서 감사합니다 하고 돈을 받아서 주머니루 살짝 넣었습니다.

그런데 할아버지께서 저한테

"이놈! 빨리 버스 요금 내구 와!"

나는 그녀와 이렇게 키스했다

양쪽 귀에 대롱대롱 매달린 귀걸이를 붙들고 이렇게
말했다.

"움직이면 다쳐."

옛 러시아에서….

러시아 남자 두 명이 보드카를 사기 위해 줄을 서 있
었다.

한 명이 말했다.

"우린 왜 항상 몇 시간씩 줄을 서야 되는 거야?".

"사람이 많으니까 할 수 없잖아."

"아냐. 고르바초프가 제대로 하지 못해서야. 내가 오늘 가서 고르바초프를 죽여버리고 말겠어!"

그리고는 떠났다.

한 시간 후 남자가 다시 돌아왔다.

다른 한 명이 물었다.

"쫘 죽였나?"

"아니. 줄이 너무 길어서 그냥 왔어."

떳떳하게

예전에 10부제 운행을 권장하던 때가 있었습다.

딱지를 떼지는 않지만. 안 지키면 나쁜 놈 되는 분위기 아시죠?

터프한 저희 삼촌, 당근 그런 거 절대 안 지킵니다.

그날도 유유히 운행금지일에 차를 몰고 나갔지요.

　그런데. 허걱, 웬 방송사 넘들이 카메라를 둘러 메고 삼촌의 차를 포위하는 게 아니겠습니까?

　그리곤. 의기양양한 표정의 기자 왈,

　"10부제 시범운행 기간인데요. 무슨 생각으로 차를 몰고 나오셨습니까?"

　잘못하다간 시민의식 결여된 양아치로 몰려 전국에

쪽을 팔게 되는 위기일발의 상황이었습다.

잠시 당황하던 삼촌은, 이내 카메라를 똑바로 바라보며 이렇게 말했습다.

"나 하나쯤이야 뭐 어떠랴 하는 생각으로 그랬습니다." -_-;

순간, 방송사 넘들은 당황한 기색을 얼굴에 가득 담고 멀어져 갔습니다.

결국 삼촌의 인터뷰는 방송 부적격으로 편집되어 TV에 나오지 않았고 그날 9시 뉴스의 카메라 고발 코너는 온갖 궁색한 변명을 늘어놓으며 카메라를 피하는 사람들의 인터뷰로 채워졌습다…

탄핵 폐인 마누라

내 마누라는 탄핵 폐인입니다. 전에도 폐인인 적이 있었습니다. 다모 폐인.

그때가 차라리 낫습니다. 그때는 문전박대 당하지 않았으니까요.

울 마누라 내가 출근할 때 안 일어납니다. 8시 10분에 출근하는데 아직 취침중이지요. 아침밥은 신혼초에 2달 정도 먹어봤습니다.

그 이후 입덧하느라 거의 밥을 안하더군요.

지금은 아침밥하는 것을 잊었는지 그냥 나가랍니다.

울 마누라 제가 퇴근해도 쳐다보지 않습니다. 컴에 붙어서 떨어지지 않습니다.

울트라 캡 짱 찐드기입니다. 퇴근해서 밥 달라고 하면 쳐다봅니다.

한참을 째려보느라 말 한 마디 안 합니다.

그리고 한 마디 내뱉습니다.

"시국이 어느 때인데, 저녁을 안 먹고 와?"

"나는 시국을 걱정하느라 점심도 안 먹었는데……"

지난 촛불집회 때 끌려나갔었습니다. 같이 안 가면 이혼하겠다고 흑흑……

하지만 그때 가서는 저도 잘 놀았습니다.(?)사진도 찍고, 아기랑 같이……

울 마누라가 언제 잠자리에 드는지 모릅니다.

저는 울아가 옆에서 마누라가 오기를 기다리다 먼저

잠이 들지요.

마누라는 마이클럽 게시판과 서프방, 토론방송 등 보통 3가지정도의 화면을 같이 띄어놓고, 부산합니다…… 저는 그 옆에서 다소곳이 앉아 핸드폰으로 고스톱을 치다가 지쳐서 잠을 자러 갑니다. 같이 가자고 옆구리를 지그이 찔러보지만, 돌아오는 것은 그녀의 오른 발이 나의 날렵한 턱선을 지나치지요 흑흑……

새벽녘까지 모니터와 맞짱을 뜨고, 아침에는 하늘 같은 서방님이 출근을 해도 못 일어납니다.

오늘은 아까 전화를 해서 우리가 송파구 갑인지, 을인지, 병인지를 물어보았습니다.

울 마누라의 대답은

"갑 을 병이 무슨 상관이야~~ 딴민련만 안 찍으면 되지!!!!"

저는 울 마누라와 탄핵, 정치, 딴민련, 토론 어록 등등을 제외한 대화를 나누고 싶습니다.

저는 마누라와 같이 자고 싶~습~~니~~~다~~~~~

호스트 빠

긴 머리를 자르려고 미용실에 갔다.

오후 4시 조금 넘어서 머리를 시작했는데, 5시, 6시…
헐~~~ 8시가 좀 넘어 끝났다.

시간이 시간인지라… 배도 엄청 고팠다.

미용사 보조 아저씨가 머리를 감기고,

시덥잖은 농담을 날리더니만

"호스트 빠 좋아하세요?"

"예? 호스트 빠요?"

"아뇨, 호스트 빠 좋아하세요?"

"네? 호스트 빠요?"

이 대화를 대여섯 번을 계속했다.

계속 호스트 빠 좋아하냐고 그러구,

이 놈이 야간에는 그런 영업까지 뛰나 싶어서 이상하게 보고….

암튼…그런 뻘쭘한 상황이었는데…

결정적으로 그 넘 한 마디.

"제 발음이 그렇게 안좋아요? 토!스!트! 빵! 좋아하세요?"

공부 못하는 사람의 특징

1. 계획만 잘세운다

2. 공부하기 전 할 일 참 많다. 예) 책상 정리 등

3. 한 군데 오래 못 있는다. 예) 5분만 쉬자고 침대에 눕고 그냥 자버리는경우

4. 1시간 공부하고 3시간 쉰다.

5. 잘 세운 계획만으로 흡족해 한다.

6. 동태를 살피고 동지를 찾는다. 예) 같이 포기하자
는 등.

7. 공부는 못해도 인간성은 최고라 생각한다.

8. 공부를 좀 하고 자야지가 아니라 자고나서 해야지
한다.

9. 오색찬란한 필기노트 보는 것만으로 뿌듯해 한다.

10. 책생에 필기복사물만 가득 쌓여 있다.

11. 기적을 믿는다.

12. 머리는 좋지만 안해서 못하는 거라 생각한다.

13. 점수를 매기지 않는다.

14. 독서실은 놀러간다.

CD를 다 듣고나면…

CD들으시던 울 엄마.

노래는 물론 트롯도.;;

갑자기 나를 부르신다.

"야야, 노래가 안 나온다.─.─"

"끝까지 다 들은 거 아이가? 다 들었으믄 다른 거 들으믄 되지─.─"

"그래서 다른 거 들을라고 하는데 안 나온다─.─"

"또 머 잘못 눌렀노? 으잉?ㅡ.ㅡ^"

울트라 짜증을 내면서 엄마한테 갔습니당.

근데…

열어보니

CD가 뒤집혀 있더이다…

"한 면 다 끝나서 내가 뒤집어놨다.^^ 근데 안 나온다
우짜노~ 고장났는갑다.ㅜ.ㅜ"

락을 이제 알겠습니까?

우연히 같은 콘서트를 구경하게 된 문희준, 신해철.

문희준이 먼저…

"얼마동안 락을 공부했더니.이제서야 좀 락을 알겠네
요."

그러자 신해철이…

"그래요? 전 10년을 넘게 해도 잘 모르겠던데."

철수의 백일날~

철수가 태어났다. 부모님들은 무지하게 기뻐들 하셨

다.

백일 잔치를 했다. 동네 사람 모두 모여 거나하게 파티(?)를 할 때,

두꺼비 같은 아들 낳았다고 칭찬을 듣자 우쭐해진 철수 엄마는 철수 아랫도리를 벗겨 밥상 위에 떠억~ 하니 올려놓고는 뭇 여인네들에게 철수의 늠름(?)한 거시기를 자랑하듯 보여주었다.

그때 옆집 사는 수다쟁이 아줌마가 벌떡 일어나서 다가오더니 철수의 고추를 자세히 들여다보며 만지작거리다가 푼수 같은 한 마디를 했다.

"어머 신기해라. 어쩜 지 아빠꺼랑 똑같네…~"

무서운 이야기

어느 마을에 껌을 좋아하는 소년이 살고 있었어요.

그 소년은 껌을 떼놓고는 살 수가 없었어요.

어느날 소년의 아버지가 갑작스런 교통사고로 죽고, 가정 형편이 어려워진 소년의 가족은 시골로 이사를 가게 되었어요.

새로 이사 가게 된 집은 시골의 집이 아니다 싶을 정도로 넓고 좋았어요.

하지만 이상할 정도로 집값이 쌌고, 그 주변에는 다른 집도 없었어요.

어쨌든 시골로 이사가게 된 소년은 그곳에서 학교를 다니게 되었는데, 새 학교의 아이들이 소년을 보고 수근거리기 시작했어요.

"흉가에 이사온 가족이 쟤네 가족이래…"

"쟤는 이제 큰일났다."

소년은 아이들이 수근거리는 것을 엿듣고는 앞이 캄캄해졌어요.

소년은 무서웠지만, 아니라고 생각하며 집으로 돌아와 집을 살폈어요.

그런데 소년의 방 천장에 왠 글씨가 보이는 거예요.

자세히 보니 빨간 글씨로 이렇게 휘갈겨져 있었어요,

"이곳에서 껌을 씹지 마시오…"

소년은 너무너무 무서웠어요. 그리고 입에 있는 껌을 뱉었어요.

소년은 다시는 껌을 씹지않으리라 맹세했어요.

그렇게 일주일이 지났어요.

소년은 금단현상보다 더 강한 증세를 보였어요.

손을 떨기 시작하며 언어장애도 오는 것이었어요.

소년의 어머니는 소년에게 껌을 먹여주었어요.

소년은 귀신을 볼까 두려워 껌을 씹지 않고 입에 넣고만 있었어요.

어머니는 껌을 씹어보라 했지만 소년은 극심한 공포심에 껌을 씹지 못하고 있었어요.

어머니는 소년을 포기한 채 방으로 돌아갔어요.

소년은 무슨 일이 있어도 절대 껌을 씹지 않으려고 했지만 시간이 지날수록 마음이 약해졌어요.

한 번 입에 들어온 껌을 다시 뱉는다는 건…

소년에게 더 큰 고통이었어요.

'그래. 요즘 세상에 귀신이 어디 있어? 괜히들 그러는 걸 거야.'

소년은 마침내 껌을 씹었어요.

껌을 씹자마자 소년은 손떨림 증세도 없어졌고 모든 몸이 원상태로 돌아왔어요.

그 순간, 거실에서 갑자기 이상한 음악 소리가 들려왔어요.

소년은 방문을 빼꼼히 열고는 거실을 살폈어요.

…?

거기엔 웬 노인이 미친 듯이 춤을 추고 있었어요.

노인은 온몸을 초록과 하양으로 도배한 옷을 입고 발레하는 손동작으로 펄쩍펄쩍 뛰어다녔어요.

마치 마리오네트처럼…

소년은 입과 몸이 굳어버려 아무런 행동도 할 수가 없었어요.

그때… 갑자기 노인이 고개를 홱 돌리며 소년에게 말했어요.

"휘바휘바."

건망증

오늘 아침이었습니다.
어제 과음으로 썩 상쾌한 아침이 아니었으므로.
끙끙거리며 일어나 라면을 끓였습니다.
글구 아침에 빨래를 할려구 세탁기를 돌렸죠…
원룸이라… 세탁기가 가스레인지 바로 옆에 있습니다.

물이 끓어서 스프를 따구
잘 털어서…

잡코리아에 올라온 어느 모집 공고… (실제로 잡코리아에 올라온 구인광고입니다)

특이한 성격의 웹디자이너를 가족으로 모십니다…

담당업무 : 웹디자인, HTML 코딩, 플레시 외 가끔 밤샘 작업

상세요강 : 사무실이 열라 작은 편입니다. 어쩌면 면접보시러 오셨다가 "이씨.이게 사무실이냐?" 라고 실망하실지도 모릅니다. 그러나 우리들은 자신있습니다. 왜냐!!! 그 좁은 사무실에 크리스마스트리도 장식해 놓았습니다. 열라 이쁩니다. 대표이사를 포함해 사무실 전 직원(그래봐야 몇 안 되지만) 평균 나이가 30이 안 됩니다. 한 27세 정도 될라나?? 그리고 대표이사 컴퓨터

가 젤루 후집니다. 사장이 정신자세가 되어 있습니다. 폼잡고 안그럽니다.

사람들…모두가 다 법 없이 살 만한 사람들입니다. 일

의 양은 많지만, 그래도 사람답게 일할 수 있는…그런 회사입니다. 2년 뒤에는 아마 바로 정면에 보이는 스타타워에 들어갈 것 입니다. 열라 크게 키울 겁니다. 고생되실 겁니다. 밤도 가끔은 하얗게 지새워야 하고, 퇴근은 항상 늦을지도 모릅니다. 그래도 우리 데일즈 가족들은 행복합니다. 서로가 서로를 아끼고 사랑합니다.

–가끔 갈굴 때도 있지만 월중 행사 정도입니다.–

참!! 사무실이 작기는 한데, 그래도 개인 책상은 열라 좋습니다. 네모난 책상이 아니라 한샘 퍼시스 퍼즐책상을 똑같이 카피한 좋은 책상입니다. 넓다니깐요…

[자격요건]
디자인에 관한 자기만의 개성과 감각에 자신 있는 분.
웹디자인에 대한 전반적인 지식 보유하신 분.
(html 코딩 가능하신 분 우대.)

한 이틀 밤샘 작업에도 코피 안 흘리고 바로 한 게임 더 할 수 있는 분

[주요업무]
현존 사이트 내 각종 컨텐츠 디자인.
웹 사이트 디자인 기획.
사이트 리뉴얼 디자인.
보통사람은 이해할 수 없는 아이디어의 소유자

[제출서류]
이력서 (여성의 경우 사진 첨부 안하면 못 생긴 걸로 간주함.)
(그렇다고 미모에 가산점 주어지는 건 없음)
자기소개서
포트폴리오 첨부(경력자의 경우)

[접수방법]

E-mail로 신청된 서류만 허용합니다.

[기타사항]

<사업분야>

다양한 트레이드 서비스와 각종 정보 컨텐츠, 연예인 이벤트 프로모션

<교통편>

전철 2호선 역삼역 5번 출구 2미터

솔직하게 역삼역 5번 출구와 붙어 있음

<복리 후생>

회사가 밥값 내주고, 야근시 튼실한 야참도 제공하고, 대표이사가 매일 종합비타민제도 한 알씩 드림.

(가끔 이사님이 비타500이랑, 실장님이 개인 비타민 2알씩 줄 때도 있음 - 비타민에 환장)

설립한 지 얼마 안 되는 회사입니다. 내년 1월에 4대

보험 계획하고 있습니다.

<면접시 우대사항>

남녀 불문 흡연자 우대. (흡연자의 경우 담배 제공함)

미모의 비흡연 여성 채용시 사무실 내 전직원 금연 가능.

개인 공기정화기를 가져오시면 비흡연자라도 나름대로 견딜만 함

그렇다고 개념없이 흡연자들이 사무실에서 담배피는 건 아님

(화장실이나 창문에 닭처럼 고개 내밀고 피움)

<근무시간>

개인 능력에 따라 의견 제시 가능

<작업환경>

메모리 1024Ram , 19" 모니터, 최고급 인체 공학적

쿠션 의자, 10M PPM 인터넷 속도

가끔 특별 서비스로 티셔츠 및 생활소품류 증정 : 공연 티켓이랑 페밀리 레스토랑 시식권도 가끔 떨어짐

업무에 필요한 소스 및 각종 프로그램 무료 제공

실내용 쓰레빠 무료 제공

사무실 내 생수 무료 제공

커피 및 녹차, 유자차 등 무료 제공

가습기로 인한 적정 수준의 습도 무료 제공

그외 많이 무료 제공

자네 우리당 찍는다고?

오늘 일요일이지만 일이 있어 회사에 갔답니다.

와이프는 혼자 있기 심심했는지 처가에 가고요~

일이 끝나고 와이프를 데리러 갔다가 처갓집에 들렀습니다.

잠깐 거기서 과일을 먹던 중 텔레비전에서 거 무슨 시사 프로그램 같은데 곧 있을 선거에 관한 프로그램이 하고 있었거든요.

그때 장인이 물어 보더이다.

"자네 동네엔 이번엔 누구 나오는겨??"

"기호3번에 ○○○ 나오는데요."

"거 그 사람 우리당 사람 아니여??"

"네 ㅡ.ㅡ 그런 거 같은데요."

"그래서 이번에 우리당 사람 찍겠단 거여??"

"그럴려구 하는데요."

"그놈들 머 할려구 찍어!! 노인들 우습게 여기는 놈들인데 차라리 민주당을 찍지 그래."

(그러자 옆에서 참외를 깍고 있던 장모님께서 장인을 힐끗 노려 보더니 한 말씀 하십니다~^^)

"아~좀 가만히 좀 있어요. 찍는 사람 맴이지 자꾸 누구 찍어라 한다고 하면 되요?"

"그래도 우리당은 안 돼!!"

"사람이 말하다 보면 실수할 때도 있고 그러지 완벽한 사람이 어딨어요??"

"그래도 난 이번엔 민주당 찍을 꺼야~"

"언제는 우리당 찍는다고 하지 않았소?"

"그때는 정동영이가 6~70대 쉬라는 얘기는 안했고 지금은 안 그렇잖아~ 난 기분 나빠서라도 우리당 안 찍어!!"

"그럴꺼면 정동영이 말대로 차라리 투표 하지 말고 집에서 쉬시구랴~!!"

가장 지키기 힘든 말

일부러 그러는 것도 아닌데….

그게…

내 의지대로 안 된다…

항상 후회하면서 자꾸 왜 그러는지 모르겠다…

맨날 다치고…쪽 팔리면서…

당기시오

여대생 기숙사 – 섹녀버젼

문제의 기숙사는 이층침대를 사용하고 있다.
어느날 밤 위쪽 침대를 사용하는 여학생이…
아래쪽 친구가 잠든 걸 확인하고는…
남자친구를 끌여들여 일을 벌린다 ㅠ.ㅠ

남 : 음~~ 나의 체리… 나의 복숭아… 너무 맛있어…
여 : 바나나 너무 좋아~~….
그 때 갑자기 밑에 있던 친구가 일어나 소리쳤다!!!

친구 : 야~! 너네 밤중에 샐러드 먹는 건 좋은데~ 마
요네즈 튀기지 좀 마!!!

고문관

어느 군대에서 PT체조를 하고 있었다.

PT체조는 항상 마지막에는 구호를 붙이지 않는다.

그런데 꼭 마지막에 어떤 남자가

"열!!~~"

이러는 것이다…

열받은 조교……

"다시 처음부터 시작한다~!! 20회 실시~!!"

군인들 짜증내며

"하나!~"

"둘!~"

"셋!~~"…………………….

마지막에 그 남자………………

"스~~물!!!!~~~" (ㅡ.ㅡ;)

여기저기서 들려오는 야유……….

그렇게 100회까지 실시를 해도 ….

그 남자는 마지막 구호를 꼭 붙이곤 했다…—.—
더이상 방법이 없다고 생각한 조교…….
"저놈 땜에 더이상 안 되겠따……
이제부턴 노래에 맞쳐 한다…… 시작~~!!!"

그래서 군인들은… 노래를 부르면서 PT체조를 시작
했다.

("★둥글게 둥글게★"노래는 부르면서 이 글을 읽으
세여…)

"둥글게 둥글게~ 하나!!
둥글게 둥글게~ 둘~!!
빙글빙글 돌아가며 춤을 춥시다~ 셋!!
손뼉을 치면서~ 넷!!
랄라랄라 즐거웁게 춤추자!!!!

(위에 마지막 한 줄만 하면…. 노래가 끝나고 구호도 끝나는 것이 원칙이다…)

근데…………….

그 남자는…………

우리의 기대를 저버리지 않았다…….

저기 끝에서 은은히 들려오는….

그 남자의 목소리…….

"딩가 딩가 딩~~~가 딩가딩가딩~~"

그의 술주정

무슨 일이었는지는 몰라도 참 술을 많이 마신 날이었다.

작년이던가 재작년이던가.

암튼, 나와 나의 절친한 친구 S군은 함께 술을 무진장 먹어댔었다.

늦은 밤.

우리는 우리 집에 가서 한잔 더 하기로 하고, 소주 몇 병과, 안주거리를 좀 사들고 집으로 들어왔다.

그때 이미 S군은 맛탱이가 갔음을 눈치챘어야 했다…-_-….

S군 : 야. 아씨. 핸드폰 좀 줘봐… ㄲ윽~~

미타 : 어. 어디에 전화하려고.-_-;;;

S군 : 아 씨x. 좀 줘봐.-_-+++

부모님이 주무시고 계시기에 핸드폰을 안 줬다가는 녀석이 소리를 고래고래 질러댈 것만 같은 불안함에 핸드폰을 건네줬다.

S군은 내 핸드폰을 받아들더니 어딘가에 전화를 하기 시작한다.

뚜루루루~~ 뚜루루루~~

찰칵~!

S군 : 여. 여부세요~~~ (혀꼬인 목소리;;)

상대 : 누. 누구냐?

S군 : 어머니 저예요…(역시 꼬인 혀.)

난. S군이 집에 못 들어간다고 지네 집에 전화하는 줄 알았다.-_-;;

이어지는 S군의 이야기.

S군 : 어.어무니. 건강하시죠?? 예~~ 밤 늦게 죄송합니다.(꼬인 혀)

여기서 뭔가 이상하다…-_-;;

이어지는 S군의 말-_-에 난 경악을 금치 못했으니……;;

S군 : 어.어무니. 미타 좀 바꿔주세요~~(졸라 꼬인 혀;;)

허거거거거거덕…-_-;;

어머니가 전화기를 들고 어이없는 표정으로 우리 방으로 건너 오셨다.-_-;;

어머니 : .-_-… 너 바꿔달래…-_-….

쿨럭.-_-;;;;;

술 꼬장도. 무슨 이런 술꼬장이 다 있냐.-_-;;

우리집에 같이 와서는. 우리집에 전화해서 날 바꿔달
라니…-_-;;;;;;;

여하튼. 그래도 다음날 해장국은 먹었다.-_-v

저런-_- 술주정을 하는 넘두 있답니다.

다행히 부모님두 잘 아는 친구였기에 망정이지-_-

넌센스 퀴즈

정원이 500명인 배가 있다.

그런데 3명밖에 타지 않았는데 가라앉고 말았다. 그
이유는?

답 : 잠수함이다.

물고기의 반대말

답 : 불고기

노처녀와 노총각이 결혼 못하는 이유

답 : 동성동본이다.

산토끼의 반대말

답 : 들토끼, 죽은토끼, 키토산, 판토끼, 알카리성 토끼

둘리가 다니는 고등학교

달 : 요리보고

둘리가 전학 간 학교이름

답 : 빙하타고

둘리가 제일 좋아하는 섬 이름

답 : 저리 봐도

둘리가 좋아하는 부침

답 : 일 억 년 전

씨암탉의 천적은?

답 : 사위

말괄량이 삐삐를 일곱 글자로

답 : 말괄량이 호출기

설사를 다섯 글자로

답 : 갈아 만든 똥

가제트 형사의 성은

답 : 마징

소가죽을 입고 사는 황금 벌레를 6자로

답 : 우피 골드버그

방귀 뀌는 형태로 본 사람들의 유형

– 영특한 사람 : 재채기를 하며 방귀 뀌는 사람

–소심한 사람 : 자기 방귀 소리에 놀라 펄쩍 뛰는 사

람

　－자만하는 사람 : 자기 방귀 소리가 제일 크다고 생각하는 사람

　－불행한 사람 : 방귀 꿔려다가 똥싼 사람

　－멍청한 사람 : 몇 시간 동안 방귀 참는 사람

　－난처한 사람 : 자신의 방귀와 남의 방귀를 구별하지 못하는 사람

　－불안한 사람 : 방귀를 뀌다가 중간에 멈추는 사람

　－비참한 사람 : 방귀를 못 뀌는 사람

　－시대파악을 못하는 사람 : 여자가 방귀 뀐다구 투덜대는 사람

　－귀여운 사람 : 남의 방귀 냄새를 맡고 뭘 먹었는지 맞히는 사람

　－뻔뻔한 사람 : 방귀 크게 뀌고 자지러지게 웃는 사람

　－부정직한 사람 : 자기가 뀌고 남한테 뒤집어 씌우는 사람

−검소한 사람 : 항상 여분의 방귀를 남겨두는 사람

−반사회적인 사람 : 양해를 구한 뒤 혼자만의 장소에 가서 뀌는 사람

−감성적인 사람 : 방귀 뀌고 우는 사람

−바보 : 다른 사람의 방귀를 자기 것이라 생각하고 즐기는 사람

−얼간이 : 방귀 뀌고 팬티에 흔적 남기는 사람

−전략가 : 큰 웃음소리로 방귀 소리를 감추는 사람

−지식인 : 자신의 주위에서 누가 뀌었는지 알아맞히는 사람

−겁쟁이 : 방귀를 나눠서 뀌는 사람

−새디스트 : 잠자리에서 방귀 뀌고 이불을 펄럭이는 사람

−매조히스트 : 탕 속에서 방귀 뀌고 그 거품을 깨물어 보려고 하는 사람

어느 고등학교의 도시락사건

제가 고등학교 다닐 때의 일입니다.
한창 놀때죠. 고등학교 2학년….

저희 반에는 봉우. 뽕우라는 왕따 학생이 있었습니다.
그 넘은 반장인데.

선생님편만 들어서 우리들이 왕따 시켜버렸죠.

그러던 어느날……
체육시간이었습니다…

저는 체육시간이 나가기 귀찮아서.
교실에서 몇몇 마음 맞는 친구들이랑 수다 떨며 놀고
있었죠…

그때 내 친구가 하는 말…
"우리 도시락 까먹자."
우리는 마침 배가 고팠던 찰나여서 도시락을 먹었죠.

그런데 반찬이 모자랐던 거였습니다.
그래서 큰 맘 먹구…뽕우…의 도시락에 손을 대었
죠… 첨엔 그저 조금만 빼먹을려구 그랬었는데
먹다보니… 모르겠다하구 고기반찬을 다 먹어 버렸

죠…

다 먹고 나니 후회가 되더군요…

아무리 왕따지만…밥 먹을 때만은…

즐거울 거 아닙니까??? 밥 먹을 때가 아니면.

뽕우는 학교 올 기쁨이 없으니까요….

우리는 너무 미안했습니다….

그래서 뽕우의 반찬통에 쪽지를 남겼죠….

점심시간…. 뽕우의 반찬통엔 이런 글이 남겨 있었죠…

봉우야. 에미다. 미안하다… -.-;;

젖 나온다 젖 나와!

전 친구들이랑 삼겹살을 먹으러 삼겹살집을 찾아 향했습니다.

돈도 별로 없고.-_-;;; 고기는 먹고 싶고… 음냐.

만만한 게 삼겹살이더군요. -_-a.쿄쿄쿄.

암튼. 가게로 들어가 자리를 잡고 앉았습니다.

오.오. -_-;;

사람이 꽤나 많더군요.

저흰 삼겹살을 주문한 후 소주도 시켰습니다.^^

역시 술이 빠질 순 없겠죵.^.^

그렇게 한창을 즐기고. 먹고 했답니다.

앗! 그런데.

근처에 있는 테이블의 아가씨가 막~ 술취한 주정을
부리는 겁니다. -_-;

여러 사람들이 같이 있는 걸 보아하니.

아마도 회사에서 회식이라도 나온 것 같았습니다.

그 아가씨는.-_-;;; 무척 취해 가지고. 소리를 질렀습
니다.

아가씨 : 으아~~~~~~~ 당신들 내가 누군지 알아?
(-_-;;;;)

사람들은 모두 그 아가씨에게 눈이 쏠렸고. -_-;;;

같은 테이블의 사람들도 말리질 않았습니다. -_-;;;
황당했나 보져.

128

그 아가씨의 주정은 계속 되었습니다.

아가씨 : 좋아좋아!! 모두들! 잘 들어!!!

사람들 : -_-???

아가씨 : 내가 대단한 거 보여주지. 딸꾹~

-_-+ 오… 무엇일까… 사람들은 모두들. 궁금해 하기 시작했으며.

우리들도 박자를 맞춰 주었습니다.

숟가락을 딱~~ 딱~~ 테이블에 치면서. 저는 외쳤죠. -_-;;

나 : 멋져요~ 누나!! 휘익~ 휘익~ -_-;;;;;

그러나…

모든 사람들은 극악을 해버리고 말았습니다.

크헉. 갑자기 이 아가씨가 웃옷을 벗는 것이었습니다. 꺄악~!!!

뭐야. 왜 갑자기 스트립 쇼얏!!

뭐.-_-;; 전. 좋았습니다만… -_-a…….

암튼. 이것만으로 그친 것은 아니었습니다.

그 아가씨는 웃옷을 모두 벗어 제꼈고…

브래지어만을 남겨놓았습니다. 꺄아.-_-;;;;

모든 사람들은 눈이 휘둥그래진 채 바라만 보고 있었
고…

그 아가씨는 계속 일을 진행시켰죠.

갑자기 삼겹살 구워놓은 것들을 두 손으로 마구 집는

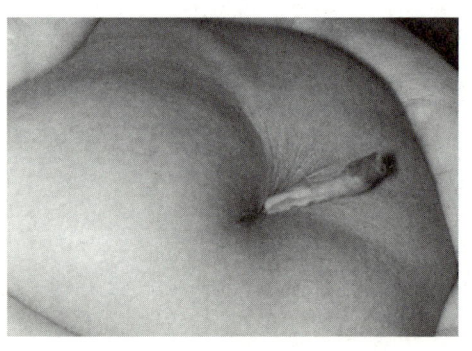

것입니다!!

과연 그 삼겹살들을 어떻게 했는 줄 아십니까!!!!

자기 브래지어 속으로 몽땅~~~~ 집어 넣었습니다.
-_-;; 오메…-_-;;;

전 대체. 그걸 브래지어 속으로 넣어서 뭘 하려는 거지?? 하는 궁금증에 빠졌습니다. -_-;;;;

그 아가씨는…

자기 가슴을 손으로 있는 힘껏! 쥐어짰습니다. -_-;;
허걱…

그러자. 브래지어에서 삼겹살의 기름이 흘러 나왔습니다. -_-;;;;;;;;;;

그러면서 외치는 소리.

아가씨 : 젖나온다!! 젖나온다!! 꺄하하하하!! (-_-;;
크헉.)

그때서야.-_-;; 같은 테이블의 사람들은 아가씨를

말리기 시작했고.-_-;;;

다른 모든 사람들은 -_-;; 멍한 얼굴로 아가씨의 가슴만을 쳐다보았습니다. -_-;

저. 젖나오는 건가…-_-;;;;;

어떤 반장선거

역시 반장선거의 전형적인 방법은 쪽지에 적어냅니다.

모두들 쪽지에 후보 이름을 적어서 냅니다.

이넘 실실 쪼개면서 종이에 뭔가를 적어냅니다.

애들은 기대에 찬 눈빛으로 놈을 바라봅니다.

드디어 투표 결과를 발표하는 시간 ! 선생님은 이름 하나하나를 말합니다.

"김두삼이 1표"

"김두삼이 2표"

"최은진이 1표"

그러다가 선생님이 발표하던 중. 이 넘의 쪽지를 펴는 순간.

선생님이 조용히 한 마디 하셨습니다.

랜덤 이라 적은 쉐끼 빨리 텨나와 !! -.-;;

엠씨스퀘어

아주 진지한 야자시간이었다.
정말 아무 소리도 안 들렸다.
그중 어떤 학생은
엠씨스퀘어를 낀채 공부를 하고 있었다.
열심히 공부를 하고 있는데
평소에 무섭기로 유명한 선생님이 들어오시더니
엠씨스퀘어를 낀 학생에게

"야 임마!! 야자 시간에 감히 이어폰 끼고 노래를 들어? 어서 못 빼?"

하시며 노발대발하셨다.

그 학생

"선생님~~~이거 엠씨스퀘언데여……?"

그러자 선생님 왈

"팝송도 안 돼!!!!!……."

무덤을 파고 올라와서 당신 죽을 때까지 따라다닐 거야!

옛날에 오랫동안 매일처럼 싸워온 노 부부가 있었다

그들은 싸울 때마다 큰 소리를 치고 가구들을 부수기 때문에 이웃들이 모두 알고 있었다.

그런데 할아버지는 항상 싸울 때마다

"내가 먼저 죽으면 무덤을 파고 올라와서 당신 죽을 때까지 따라다닐 거야 !"

하고 말했다.

그러던 어느날 갑자기 할아버지는 죽었고, 할머니는 간단한 장례식을 치렀다.

그리고 장례식이 끝나자마자 마을 사람들과 술을 마시며 축하 파티를 열었다

걱정이 된 이웃 사람들이 할머니에게 다가와서 조심

스럽게 말했다.

"할머니 무섭지 않으세요? 할아버지가 무덤 파고 올라와서 따라다니신다고 했잖아요!"

그러자 할머니 하는 말,

"힉~ 그 염감탱이 열심히 땅이나. 파라구 해! 내가 관을 뒤집어서 묻었으니까…!"

앙드레김 집에서의 과외

제 친구의 실화입니다.

옛날 앙드레김 아들이 고딩일 때

그 친구가 과외를 갔습니다.

가니까 앙드레김이 있더래는군요.

앙드레김이 묻더랩니다.

"학새앵~ 4과목에 얼마면 굿하겠오옹~?"

그래서 그 친구가

"4과목이니까 80만 원은 주셔야죠. ^ ^"

그러자 앙드레김 왈,

"치이~ 잘 가르치나부지? 80은 너무 익스펜시브하다 앙~ 70으로 해~"

그래서 결국 4과목에 70만 원으로 결정했답니다

앙드레김이 과외비를 계좌이체해서 준다해서 자기의 계좌번호를 가르쳐주었죠.

그래서 첫날 수업 후 확인해 보니 70만 원이 들어와 있더랍니다

하숙비 때문이었다나. 들어온 돈을 모조리 다 꺼내썼다고 합니다

이틀 후… 두 번째 수업을 마치고 우연히 잔액조회를 해보았습니다.

또 70만 원이 들어와 있더랍니다 −_−

그렇습니다 −_− 앙드레김은 1회에 70만 원인 줄 안 겁니다.

그 친구는 앙드레김집 과외한 이후 갑부되었드랬
죠-_-

그녀 애인은 국문학도??? !!

그녀의 애인은 문학적 표현을 '일상적으로 서슴없이
진지하게' 내뱉는 국문학도입니다.

어느 정돈가 하면, 귤 한 봉지를 사고

그녀가 무심코 "못생긴 귤이 맛있대요." 말하자,

그는 진지하고 숙연하게,

"그건, 못생긴 귤이 노력하는 겁니다."

그런 두 사람이 만난 지 어느덧 100일째,

감기 때문에 주체할 수 없이 흘러내리는 콧물을 닦아
야 했던 어느 겨울날.

그날도 국문학도 애인은 온갖 미사여구로 그녀를 감
동시키고 있었죠.

그녀는 그 남자의 진지한 분위기 때문에 자꾸 고이는 콧물을 닦지도 못하고 그의 말을 들어야만 했습니다.

그런데 갑자기!

그가 너무나 도전적으로 기습 키스를 하고야 만 것입니다.

미처 콧물을 닦지 못한 그녀는 키스의 달콤함을 느끼기도 전에?

그의 입술 가득 무자비하게 번지고 있는 자신의 콧물에만 신경을 쓸 수밖에 없었죠.

한참 동안의 키스 후 얼굴이 벌겋게 달아오른 그녀,

속으로 계속 '괜찮겠지' 하며 자신을 다독이고 있는데.

그 남자친구, 조용히 목소리를 깔며 한 마디.

"서영씨 입술에선… 바/다/맛이 나는군요." -.-;;;

긍정문과 부정문

모 대학 어느 강의 시간이었다.

문법에 대한 강의 였는데 긍정과 부정에 대해서 강의하고 있었다.

교수 왈

"에… 대부분의 언어는 긍정과 부정의 뜻이 이어지면 부정문이 되고, 부정과 부정의 뜻이 이어지면 긍정의 뜻이 됩니다. 그런데 러시아어의 경우는 부정과 부정이 이어져서 부정문이 되는 경우 도 있습니다. 하지만 긍정문의 경우는 다릅니다. 긍정+긍정의 경우가 부정이 되는 언어는 지구상에 없습니다."

그러자 어떤 학생 왈,

"잘도 그러겠다."

아프리카 여행

미국인, 일본인 그리고 한국인 세 명이 아프리카를 여행하다 무단침입으로 야만인들에게 붙잡혀 곤장 100대씩을 맞게 되었다.

다행이 야만인 추장은 이들에게 단 한 가지씩 소원을 들어 주기로 했다.

첫째로 미국인

"제 등 뒤에 방석 6장을 올려 주십시오."

추장은 소원을 들어 주었다.

그리고 곤장 100대를 맞았다.

하지만 방석이 너무 얇아 70대째에 방석이 다 찢어져 나머지 30대를 맞곤 아몰아몰한 정신으로 다음과 같이 중얼거리곤 정신을 잃고 말았다.

"그래도 나는 창조적이 뛰어난 민족이야."

이 과정을 지켜본 일본인

"제 등 위에 침대 매트리스 6개를 올려 주십시오."

일본인의 소원을 들어 주고 곤장이 시작 됐다.

일본인은 100대를 맞는 동안 줄곧 웃기만 하다 일어 났다.

"역시 나는 모방의 기술이 뛰어난 민족이야" 하며 좋

아 했다.

야만인 추장은 한국인을 향해 물었다.
"자, 네 소원은 무엇이냐?"
한국인은 쓱 웃으며 한 마디 말했다.

"저 일본놈을 제 등 뒤에 올려 주십시오"

어느 뜨거운 여름날…

어느 뜨거운 여름날이었다.

사내는 마루에 앉아 책을 보고 있었는데 살포시 열려 있는 담장 쪽대문 너머로 한 아가씨의 모습이 보이는 것이었다.

그녀는 호박밭에 다소곳이 앉아 일을 하고 있는 것이었다.

그녀의 이마엔 땀이 송골송골 맺혀 있었고, 그 모습이 마치 아침 이슬같이 생각되었다.

사내는 생각했다.

그래! 바로 저 여자야… 내가 평생을 같이 하고 싶은 그런 여자!

사내는 망설이다가 슬그머니 그녀에게 다가가서 수

줍은 목소리로 말했다.

"저, 당신의 일하는 모습을 보고 전 사랑에 빠져버렸습니다."

그러자 호박잎을 따고 있던 아름다운 그녀가 깜짝 놀라 눈을 동그랗게 뜨고 사내를 쳐다봤다.

그리고는 당황스러웠는지 고개를 숙인 채 아무 말도 하지 않는 것이었다.

잠시 정적이 흐른 뒤 땅만 쳐다보던 그녀가 떨리는 목소리로 말했다.

"저…지금 똥 누는 중이거든요. 나중에 말씀하세요…"

동생의 한 마디

수능 당일 수험생인 오빠가 초조한 마음으로 집은 나

설 때였다….

어머니는 마지막 까지 자식을 위해 기도를 하고,
아버지는 두 손을 꼭 잡으며 잘 보길 기원했다
그리고 동생도 오빠가 수능 잘 보기를 기원하며
한 마디 던졌다.

"오빠!!!!! 100점 맞구 와."

생물시험

생물시험에 다음과 같은 문제가 나왔다
'다음은 어떤 새의 발 모양인가?'
문제를 풀어 나가던 철수가 자리에서 벌떡! 일어나더
니 선생님 앞으로 나갔다.

철수 : 선생님, 도대체 발 모양만 보고 어떻게 새를 알

아맞히란 말입니까? 머리를 보면 몰라도….

　선생님 : (화가 난 목소리로) 공부를 안 했으면 그만
이지 뭘 그리 따지나!! 학생 이름이 뭔가!!??

　철수 : (발을 교탁 위에 올려놓으며) 맞혀 봐요!!

미군의 고집

어두운 어느날 밤, 미군 군함이 저 멀리 희미한 불빛을 보고 신호를 보냈다.

"방향을 20도 바꾸시오!"

그러자 저쪽에서도 신호가 왔다.

"당신들이 바꾸시오!"

기분이 몹시 상한 함장은 다시 신호를 보냈다.

"이 배는 미해군의 함정이다!"

그러자……

"난 이등 항해사다!"

무지 열받은 함장, 다시 신호를 보냈는데….

"이 배는 전투함이다! 당장 항로를 바꿔라!!!!!"

그러나 저쪽에서 오는 신호를 보고 함장의 얼굴은 벌개졌다.

어떤 신호길래….

여긴 등-대-다 ! -_-;;

황당한 고백

명문 하버드 대학 식당에 한국인 주방장이 있었다.

그 주방장은 평소에 하버드 학생들에게 멸시를 줄곧 받곤 했다.

이유는 단 하나.

유색인종….

이러한 인종차별에 대해서 하버드 학생들 사이에서도 일종의 반성의 토론이 여러 차례 열렸고, 마지막엔 학생회장이 구내 식당으로 찾아가 주방장을 만나 그동안의 차별에 대해서 사과하는 행사를 벌이기로 하였다.

학생회장을 비롯한 수십 명의 학생들이 식당으로 찾아갔다.

학생회장은 한국인 주방장에게 말했다.

"그동안 당신을 이유도 없이 모욕한 것을 진심으로 사과합니다."

그말은 들은 주방장은 겸손한 자세로 모자를 벗으며 이렇게 답하였다.

"그럼, 저도 앞으로는 더 이상…"(스프에 비듬을 털지 않겠습니다.)

외국인에게 쫄은 건달

거만한 모습으로 입에 담배를 문 채 버스를 기다리던 건달에게 한 외국인이 다가와서는 물었다.

"Where is the post office?"

[우체국이 어디죠?]

　그러자 건달은 황당하다는듯 한 마디 내뱉고는 담배
를 투~뱉고 가버렸다

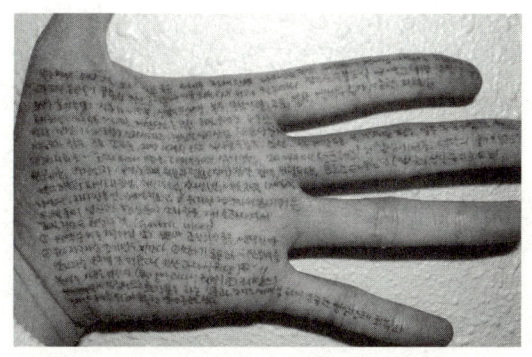

그 한 마디를 들은 미국인은 고개를 끄덕이며 건달을 따라갔다.

그런데 건달이 한참을 걸어가다가 뒤를 보니 외국인이 계속 자기를 따라가는 게 아닌가.

그래서 건달이 다시 아까와 같은 말을 하곤 가래를 투~뱉고 뛰어갔다.

그런데 이번에는 외국인이 뛰어서 따라가는 게 아닌가.

그렇다면 도대체 건달이 뭐라고 했길래 외국인이 계속 그를 따라가는 것일까요?

"I see, follow me."

건달의 발음 : 아이씨팔노미

3메가짜리 디스켓

사무실에서 일을 하고 있는데 누군가 내게 다가 오더니 컴퓨터에 대해 잘 아느냐고 물었다.

"글쎄 남들 하는 만큼은 하지. 암…."

그 친구는 또 내게 3메가짜리 용량의 디스켓을 본적이 있냐고 물었다.

"글쎄."

본 적은 없었지만 있을 수도 있을 만한 것이어서

그런 것이 나왔냐며 오히려 내가 물으니…

그 친구는 당당한 자세로 디스켓을 한 장 꺼내어 내 앞에 보기 좋게 펼쳐줬다.

거기에는 커다란 글씨로 . 이렇게 쓰여 있었다…

〈3M〉

동전을 삼킨 사오정

사오정이 동전으로 장난을 치고 놀다가 그만 실수로 500원짜리를 삼켜 버렸다.

사오정은 갑자기 겁이나서 집이 떠나 가도록 목놓아 울기 시작했다.

거실에서 신문을 보던 오정 아빠는 깜짝 놀라 사오정에게 뛰어갔다.

"오정아! 왜 그래?"

"아~앙~ 앙~ 500원~ 앙~ 500원 먹었쪄~~!!"

오정이 아빠는 너무 놀라 정신이 없었지만 육아수첩에서 봤던 말이 떠올랐다.

아기들이 삼킨 잡동사니는 대변으로 나온다는 것이었다.

사오정을 일단 진정시키는 게 급선무라고 생각한 오정 아빠는 손바닥에 500원짜리 동전을 숨기고는 배를 문지르다가 마치 마술이라도 부리는 듯 "짜잔~!!" 하고 보여주었다.

그러자 사오정은 배에서 동전이 나오는 걸 너무너무 신기해 하며 바라보다가 울음을 뚝~ 그치는 것이었다.

그러더니 사오정은…갑자기

아빠가 가지고 있던 500원짜리 동전을 재빨리 집어 삼키며 말했다.

"아빠!!! 또 해 봐!"

여기가 어디죠?

어느날 어떤 한 청년이 지하철을 타면서 꾸벅꾸벅 졸고 있었다.

그러다가 그청년이 갑자기 깨면서 옆사람을 찌르고 말했다.

"여기가 어디져????"

그러자 옆사람 왈,

"옆구리"아이가?

엽기적인 닭

닭들의 마을에 금슬 좋은 닭 부부가 살고 있었다.

그러던 어느날, 수탉이 암탉을 죽을 만큼 패서 내쫓으며 소리치는 것이었다.

"이 싸가지 없는 것! 어디서 오리알을 낳아!"

그런데 며칠 후 암탉이 죽은 채로 발견된 것이었다.

동네 닭들이 모여서 수군거리기 시작했다.

"쯧쯧~ 아니… 며칠 전에 수탉이 암탉을 패더니 분명히 수탉이 죽였을 거야."

그래서 그 마을의 촌장 닭이 수탉에게 엄한 목소리로 물었다.

"수탉, 자네가 죽였나?"

그러자 수탉이 황당하다는 듯 하는 말….

"뭐요? 지 혼자서 타조알 낳다가 죽었어요!"

여성 가슴의 성분은???

어느 대학의 시험에 대한 문제와 답변이다.

문제 : 여성들의 유방의 조직성분에 대하여 논하시요.

대부분의 학생은 지방성분이 xx%, 단백질xx%, ….

이런 식으로 기술하였는데, 교수를 분노가 아닌 웃음의 도가니로 빠뜨린 한 학생이 있었으니….

그 답안지에는 단 한 줄로 다음과 같이 쓰여 있었다.

정답 : 여성의 가슴을 이루고 있는 주된 조직 성분은 실리콘임.

엽기적 꼬마

여섯 살짜리 애하고 다섯 살짜리 애하고 소꿉놀이를 하다가 남자 어린아이가 갑자기

"너 잠깐 있어. 엄마한테 물어보고 올께…"

부엌에서 일하시는 엄마를 보고 남자애가 한 말.

"엄마, 우리도 애기 낳을 수 있어??"

엄마 왈

"야. 임마!! 어린 것들이…. 너희는 못 낳아!!!"

"알았어…"

그리고 막 쫓아 가더니 그 다섯 살 먹은 여자애 보고 이렇게 말했다…

"야…해도 돼!!! 안 낳는대…" ????-_-;;;

박을 수 있어요?

김유머 양이 회사에 근무할 때의 일이다. 그런데 평소에 바람둥이로 소문난 남자 직원의 통화 내용이 하도 이상해 귀를 기울였더니,

"누나 '박을 수' 있어요?"

"예? '박을 수' 없다구요?"

"그럼 언제 '박을 수' 있어요?"

"저녁 10시쯤 '박을 수' 있다구요?"

"그럼 저녁에 '박을 수' 있을 때 전화 할게요."

전화를 끊은 남자 직원은 메모지에 무엇인가를 적어 책상 위에 놓고 잠깐 자리를 비웠다. 궁금해진 김유머 양은 속으로 '자슥, 되게 원색적으로 놀고 있네' 하며 메모지를 보니,

'박을수 출타중…. 밤 10시 귀가"

고양이 교통사고…

몇해 전 친구와 지방국도를 밤이 깊은 시간에 달리고 있었습니다.

차들이 별로 없는 관계로해서… 속도를 좀 냈었죠.

그런데 갑자기… 30m 전방에 고양이 두 마리가… 무단횡단을 하더군요.

순간 운전하던 친구가… 반사적으로 급 브레이크를 밟았고… 전…눈을 감으며…. 불쌍한 고양이가 곧 고깃

덩이로 변하겠구나.

하면서… 간혹 도로가에 죽어 있는 고양이들을 연상했죠.

하지만 다행으로 치이기 일보 직전에 차는 정지를 했고… 고양이 두 마리는 멀뚱멀뚱 우리를 쳐다보더군요.

아마도 지들도 놀랬던 것 같더군요.

하지만…운전하던 친구는 화가 머리끝까지 난 것 같더니만…

창문을 열고…고양이들에게 욕을 퍼붓더군요…

그 욕이란….

야~~이!! 개xx.

순간…긴장했던 일행들은 폭소를 터뜨리면서.

고양이에게 너무 심한 욕 아니냐…. 등등 한 마디씩 내뱉으며…

무사히 목적지에 도착을 했습니다.

어떤 싸움

길가에서 친구랑 피씨방 갔다 오는데…. 접촉사고가 낫더군여…

어느 택시기사하구 아줌마하구 싸우고 있더라구여….

택시기사 아저씨 왈,

"여편네가 집에서 밥이나 짓지… 운전도 못하면서 뭣 하러 나와!"

그러자 아줌마 반문 우끼더군여……

"쌀 떨어져서 쌀 사러 나왔다."

화장실 줄이 긴 이유

K대에 다니는 짱구가 등교길에 갑자기 배가 아파 지 하철 화장실에 갔다.

화장실에 들어서자 3개의 칸 중에서 두 번째와 세 번 째 칸에는 사람들이 줄을 서 있는데 첫 번째 칸만 아무 도 서 있지 않는 것이다.

짱구는 속으로 "엄청 더러운가 보다"라고 생각하며 두 번째 줄 맨 뒤에 섰는데 너무 배가 아픈 것이다.

더는 참을 수 없었던 짱구가 첫 번째 칸 문을 슬그머
니 열어 봤다.

　그런데 의외로 화장실이 깨끗한 것이다.

　그래서 얼른 들어가 자세를 잡고 일을 보려는데 화장
실 옆 벽에 굉장히 음란한 낙서가 있는 게 아닌가.

　"누나가 어쩌구~저쩌구~ 친구가 어쩌구~저쩌구~

낮잠을 자는데 어쩌구~저쩌구~"

여하튼 야한 내용이었는데, 그 내용이 한참 흥미진진
한 가운데 아주 결정적인 순간에서 내용이 딱 끊겨 버렸
다.

그리고 제일 마지막 줄에 이렇게 쓰여 있었다.

"옆 칸에서 계속…!"

찢어진 콘돔의 비애

인디언들은 사람의 행동의 특성에 따라 이름을 짓는
다.

어느 인디언 마을에서, 아들만 셋이 있는 있는 어머니
에게 막내 아들이 물었다.

아들 : 엄마, 왜 큰형의 이름은 '굽이치는 폭포' 야?

엄마 : 응, 그건 니 큰형을 굽이치는 폭포에서 낳았기 때문이란다.

아들 : 그럼, 둘째형은 왜 '달리는 사슴'이야?

엄마 : 응, 그건 니 둘째형은 낳을 때 사슴이 옆에서 달려갔기 때문이란다. 알겠니? '찢어진 콘돔아'!!

바지 속 강아지

만득이에겐 귀여운 강아지 한 마리가 있었다.

이 강아지를 데리고 비행기를 타야 했다.

원래 동물은 화물칸에 실어야 했지만 강아지가 너무 어려 바지 속에 몰래 숨겨두었다.

그런데… 비행기가 이륙하자마자 강아지가 바지 속에서 꿈틀거리기 시작했다.

이걸 본 스튜어디스가 만득이에게 다가와 물었다.

"손님, 어디 불편하신데라도…"

"뭐, 별일 아니에요"

잠시 후 만득이가 신음소리를 내며 어쩔 줄을 몰라 하자 스튜어디스가 다시 물었다.

"정말 괜찮으시겠어요?"

그러자 만득이가 사실을 얘기했다.

"죄송해요. 바지 속에 강아지를 숨겼어요."

그러자 이해심 많은 스튜어디스가 웃으며 말했다.

"하하 강아지가 쉬라도 한 모양이죠?"

그러자 만득이가 상기된 얼굴로 이렇게 말하는 것이었다.

"아뇨. 강아지가 아직 젖을 안 뗐거든요…"

목욕탕에서

꼬마가 아빠와 목욕탕엘 가게 됐다.

꼬마가 보기에 아빠의 거시기가 이상해 보여 물어보았다.

"아빠 이게 뭐야?"

"응, 수세미란다."

"얼마야?"

"100원."

"응."

다음날 꼬마는 엄마와 목욕탕에 가게 되었다.

이번에는 엄마의 거시기가 궁금했다.

"엄마, 그게 뭐야?"

"응, 수세미."

"얼마야?"

"응, 50원."

"어 왜 아빠 것은 100원인데 엄마 것은 50원이야?"

"응, 엄마 것은 찢어졌잖아."

특수학교버스…

아침에 회사 가려면 횡단보도를 건너가야 대거덩~
그래서 파란불 켜질 때까지 서서 기다리다보면.
특수학교 버스가 앞으로 천천히 지나가~
근데… 그 버스 안이 작살난다는 거지
애덜이 죄다 버스 창문에 좌악~ 붙어서 침흘리며
몸이랑 손이랑 비비 꼬면서 빡큐를 하는 거야… 캬
캬!

그걸 매일 아침 당하는 사람은 얼마나 기분이 찝찝하게써~~

평범한 애덜두 아니구…애덜이 몸 비비 꼬면서 빡큐하는데…

졸라 빡돌아서…며칠을 당하던 나는….

드뎌…단단히 맘 먹고…….

담날 아침….

역시 횡단보도에 서 있는데… 그 버스가 오는 거야.

그래서 나는 있는 힘껏 몸을 비비 꼬며 빡큐를 날려쪄…

그랬더니 버스 안이 발칵 뒤집혀서 애덜이 아주 작살나는 거야…

소리치며 빡큐하며 흔들고…….-_-;;;;;

근데 갑자기 버스가… 서는 거야……

난 넘 당황해써찌~~

그러더니 기사아저씨가 애덜을 진정시키더니…버스에서 내렸어.

그러더니 나한테로 막~!!!! 오는 거야….

난 죽었구나… 졸라 혼날까 봐 걱정하고 있는데….

기사아저씨가 소리쳤다…-_-;;;;

"야!! 얼렁타!! 시간없어!!!"

베이비복스

제 핸드폰 벨소리는 이미 오래 전부터 베이비복스의 '배신' 그런데 이제는 'GAME OVER'로 바꿔야 할 거 같아서 음성인식이 된다는 57X2에 전화를 했죠.

"귀하께서 원하시는 가수의 이름을 표준어로 얘기해 주세요."

저는 서울에서만 살았기 때문에 표준어를 사용합니다.

"베이비복스."

그리고 # 자였나* 였나를 누르고

"귀하께서 선택하신 가수의 이름은 '이브' −_−; 입
니다. 맞으면 1번…"

다시 한 번 해봤죠.

이번엔 또박또박….

"베이비복스"

"귀하께서 선택하신 가수의 이름은 '이브' 입니다.
--+ 맞으면…."

화가 나기 시작한 저는 아주 크게 또박또박

"베! 이! 비! 복! 스!"

이번엔 제대로 되었겠지 한 순간….

"귀하께서 선택하신 가수의 이름은 '베이.'

오… 이번엔 제대로 됐군 이라고 생각했는데,

"선택하신 가수의 이름은 '베이시스' 입니다 맞으면
1번 --;;;"

혈액형에 따른 처용가

서울 달 밝은 밤에 밤 늦게 노닐다가
집에 들어와보니 다리가 넷이네.
이때 처용이 이런 혈액형이라면….

1>O형

주변에 있는 손에 쥘 만한 도구(도끼, 몽둥이, 작대기 등)를 들고 그대로 방 안으로 돌진한다.

2>A형

문고리를 붙잡고 들어갈까 말까 고민하면서 부르르 떨고 있다.

3>B형

아무렇지도 않은 듯 집을 나와 가까운 공중전화로 간다. 그리고 경찰서에 간통 사건을 신고한다.

4>AB형

방문이 한지로 만들어진 문이면 구멍을 내고 안에서 벌어지는 일을 음미하는 듯 훔쳐본다

무서운 기자

어느 유명인사가 신문을 보다가 부음란에 자신의 이름이 적혀 있는 것을 보고는 무척 화가 났다.

그래서 그는 그 신문사에 전화를 걸어 단단히 따지기로 했다.

"여보세요. ＊＊일보입니다."

"난 당신들 신문의 부음란에 실린 사람이오."

"어머나! 그러세요? 실례지만 성함이 어떻게 되세요?"

"김이오."

그 유명인사는 계속되는 질문에 대답을 해주고는 미처 사과도 받지 못하고 전화를 끊었다.

다음날 배달되어온 신문을 보던 그 유명 인사는 깜짝 놀랐다.

특보! …사자(죽은자)와의 단독 인터뷰

미녀와 게임을

한 미녀와 변호사가 나란히 비행기에 탔다. 변호사가 그녀에게 재미있는 게임을 하자고 제안했으나, 미녀는 피곤하다며 그 게임을 공손히 거절했다.

그런데 그 변호사는 정말 재미있고 쉬운 게임이라고 거듭 강조하며 그녀를 괴롭혔다

변호사 : 이 게임, 정말 쉬워요. 그냥 질문을 하고 대답을 못하면 5달러를 주는 거죠. 재미있지 않아요?

다시 그녀는 공손히 거절하고 고개를 돌려 잠을 청했다. 그때 변호사가 다시 말했다.

변호사 : 좋아요, 좋아. 그렇다면 당신이 대답을 못하면 5달러를 나에게 주고, 내가 대답을 못하면 500달러를 당신에게 주죠.

게임에 응하지 않으면 끈질긴 이 남자에게서 벗어날 길이 없을지도 모른다고 생각하던 미녀는 500달러라는 말에 찬성하고 말았다.
변호사가 첫 질문을 던졌다

변호사 : 달에서 지구까지 거리가 얼마죠?

그녀는 아무말없이 바로 지갑에서 5달러를 꺼내주었다.
그리고 그녀가 물었다.

미녀 : 언덕에 오를 때는 다리가 세 개이고 언덕을 내려올 때는 다리가 네 개인 게 뭐죠?

이 질문에 그 변호사는 당황했고 컴퓨터를 꺼내 데이터를 다 뒤졌지만 답은 없었다

잠시 후 그는 할 수 있는 한 모든 동료에게 전화를 했고 E 메일을 동료들에게 보내기 시작했다. 그러나 결국 대답을 찾지 못했다.

1시간 뒤 그는 치밀어 오르는 화를 참으며 그 미녀를 깨웠다.

그러고는 그녀에게 조용히 500달러를 꺼내주었다. 그러자 그녀는 고맙다는 한 마디를 하고 다시 잠을 청했다. 잠시 열을 식히던 변호사, 그녀를 깨우더니 물었다.

변호사 : 아니, 대체 답이 뭐죠?

그러자 그녀는 아무말없이 5달러를 꺼내주었다.

그리고 다시 잠을 잤다.

맛을 봐도 몰러~

유치원의 마지막 수업날, 학생들은 선생님에게 고마움을 표하기 위해 각자 정성스레 선물을 가지고 왔다.

꽃집을 하는 학생이 선물을 내밀자 선생님은 한 번 흔들어보고는

"이거 꽃이쥐?" 라고 물었고 학생은

"마자요~ 히히." 라고 귀엽게 대답했다.

사탕가게를 하는 집의 애가 선물을 내밀자 선생님은 또 흔들어보고는

"요건 사탕이렸다?" 했고 학생은 마찬가지로

"마자요~"하면서 '어떻게 알았을까' 하는 표정으로 자리로 돌아갔다.

이윽고 각종 술을 판매하는 집의 아이가 선물을 내밀

었는데 포장에서 액체가 조금 흘러나왔다.

그것을 손 끝으로 찍어 맛을 보고는,

"음. 이거 포도주 아니니?" 했으나 학생은 아니라고
하였다.

다시 혀로 포장을 조금 맛보고는,

"그렇다면…샴페인?"

학생은 다시 아니라고 했고 머쓱해진 선생님은 한 번
더 혀로 포장을 핥아보고는 도저히 모르겠노라고 했다.

"선생님이 졌다. 이게 뭐니?"

"…강아지예요…"

하느님께 보내는 편지

우체국에서 한 직원이 "하나님께" 라고 씌여진 편지
를 보고는 혹시나 하는 마음에 뜯어보았다.

그 내용은 이러했다.

"하나님, 저는 수십 년을 사는 동안 하나님에게 아무 것도 바란 적이 없었는데 지금 10만 원이 절실히 필요하답니다. 제발 제게 10만 원만 보내주시면 안 되겠습니까? 하나님…"

직원들은 편지 내용의 호소력에 넘어가 돈을 모아 9만 원을 보내주었다.

몇주 후에 다시 "하나님께"라고 적힌 편지가 도착했다.

그 편지에는 이런 글이 적혀 있었다.

"보내주신 돈은 잘 받았습니다. 정말 감사합니다. 그런데, 제가 9만 원밖에 못 받았어요. 아마도 그 빌어먹을 우체국 놈들이 빼돌렸을 거예요." −_−;

받아쓰기

중1짜리 여학생이 학원에서 영어 받아쓰기 시험을 보고 있었다.

선생님이 단어를 부르면 학생들이 받아 적는 시험이 었는데 시험을 다 본 후 선생님이 채점하다 뒤집어지고 말았다.

'미스터리' (mystery)라는 단어가 있었는데 한 여학생의 답안지엔.

"Mr. Lee"라고 적혀 있었다. -.-;;;;

노인들의 소원

부부가 결혼한 지 25년이 되었다.

두 사람이 그날을 기념하고 있는데 요정이 나타나더

니 두 사람이 그동안 금실이 좋았으니 소원 한 가지씩을
들어주마고 했다.

　할머니가 먼저 말했다.
　"우리는 그동안 워낙 가난하다 보니 세상 구경을 못
했어요. 세계일주 여행을 해봤으면 좋겠네요."

요정이 지팡이를 흔들자 항공권이 나왔다.

다음은 할아버지 차례.

60세된 할아버지는 "난 나보다 서른 살 젊은 여자와 살았으면 좋겠군"이라고 했다.

요정이 지팡이를 흔들자 영감님은 90세 노인이 되었다.

빠삐용

두 명의 환자가 탈주를 시도했다.

시트를 찢어 길게 묶어 창 밖으로 늘어 뜨렸다.

한 명이 그것을 타고 내려 갔다가 다시 올라 와서는 말했다.

"안 되겠어. 너무 짧아."

다시 그들은 속옷이건 뭐건 눈에 뛰는 건 뭐든지 꺼내서 묶었다.

다시 그 남자가 줄을 타고 내려왔다가, 또 올라와서 말했다.

"젠장 이번엔 너무 길다."

한국어 그 장점들

고등학교 때 일이다

화장실의 변기칸에 들어갔는데… 친구가 날 부른다.

친구 : 똥 싸?

나 : 똥 싸

친구 : 똥 싸~?

나 : 똥 싸ーー!!

친구 : 똥 싸~

해설

친구 : 지금 똥 싸냐?

나 : 어 똥 싼다.

친구 : 진짜 똥 싸냐? 담배 피우는 거 아냐?

나 : 아니. 진짜 똥 싸고 있다.

친구 : 그래. 그럼 계속 똥 싸라.

역시 한국어는 세계 최고의 언어다.

모리 전 일본 총리의 영어 실력

수년 전 5월 미국 워싱턴에서 클린턴 대통령과 미·일 정상회담을 가진 일본의 모리총리가 국제적으로 망신스러운 실언을 한 것으로 알려졌다.

관계자에 의하면 모리수상과 동행했던 신문기자와 측근들로 인해 이 사실이 밝혀졌다고 한다.

모리수상이 클린턴 대통령에게 "How are you?"라고 건네며 악수를 하자 클린턴 대통령이 "I am fine and you?"라고 했다.

측근으로부터 "Me too."라고 대답을 하라고 알려받았는데, 모리총리가 "Who are you?" 라고 말해 주위를 긴장시켰다.

이때 클린턴 대통령이 "I am Hillary's husband."라고 재치있게 웃으며 대답했다고 한다.

그런데 분위기 파악을 못한 모리총리가 웃으면서 또 이렇게 말했다고 한다.

"Me too."

모리총리 때문에 망신스러움을 감추지 못한 측근들은 졸도지경이었다고 한다.

탈옥수들의 항변

어느 교도소에서 죄수들이 탈옥해서 경찰들이 그들을 잡으려고 혈안이 되었었다.

그리고 탈옥한 지 일주일째 되던 날 그들은 잡혔고 경

찰이 그들을 취조했다.

"퍽퍽! 야 이 쉑X들아! 니들 탈옥한 이유가 뭐야?"

경찰이 화가 머리끝까지 나서 화를 내며 묻자 탈옥수
중 대빵 같은 한 넘이 대답했다.

"이 형무소는 너무 심각해요! 도저히 참을 수가 없어
요!"

탈옥수의 말에 경찰은 가찮다는 듯이 말했다.

"대우? 대우라고 했냐 니가 지금? 웃기고 있네. 그래
도대체 뭐가 가장 큰 문제야?"

이번에도 그 대빵이 나서서 다른 사람들을 대신해서
말했다.

"뭣보다도 밥이 너무 심각해요!"

이 말에 경찰은 다시 한 번 이 넘들을 한 대씩 패며 말
했다.

"이것들이 배가 불렀구만! 잔소리 그만하구, 도대체
뭘로 자물쇠를 부셨어?"

그러자 탈옥수들이 갑자기 고개를 들고 이구동성으

로 말했다.

"그날 아침에 나온 두부조림이요!"

그래픽 운용기능사 시험장에서 생긴 일

작년 7월

그래픽스운용기능사 시험이 있었습니다.

실기시험요.

첫 시험이라 벌벌 떨면서 들어 갔습니다.

포토샵을 켜고 작업을 했져.

그러던 중 제 컴퓨터가 다운이 된 거 같았습니다.

자연스레 모니터 오른쪽에 있는 본체의 리셋을 눌렀습니다.

그런데 화면이 멀쩡하더군요.

옆에 앉은 공고생 형의 모니터는 꺼졌다 들어오고…

그 형 담배 한 대 피고와서 그러더군요.

'죽을래?'

나 드럼 배운다

드럼을 배울 때 있었던 일을 적습니다.

드럼을 배우러가면 그곳에는 드럼치는 분들만 계신 것이 아니라, 전자기타, 베이스, 키보드, 보컬 등… 여러 분들이 악기를 다루고, 팀을 이뤄 합주를 합니다.

팀원들은 연습이 끝나고 집으로 돌아갈 때가 되면 모두들 자신이 다뤘던 악기를 들고 집으로 갑니다.

가다가 보면 가끔 주위에서 기타를 갖고 가시는 분을 보고 한 마디씩 합니다.

"어머~~저 사람 좀 봐. 기타 치나 봐. 너무 멋있다!!~~"

이렇게 말하시는 분들은 물론 여자분들이겠죠.

전 그 말을 한·번두 듣지 못했고, 물론 들을 일도 없었 겠죠.

드럼을 들고 다닐 수가 없었으니까요.

고심끝에 생각해낸 것은 연습이 끝나고 집으로 가는 길에 드럼 스틱(드럼치는 막대기)을 손에 들고 다니기 로했습니다.

며칠을 들고 다녔지만 아무 반응도 못 느꼈던 저는 그 날도 어김없이 드럼 스틱을 손에 들고 집으로 가는 중…

제가 평소에 좋아하던 우리 동내에 사는 여자친구가 오는 것을 보았습니다.

이때다 싶어 드럼치는 시늉까지 하며 그녀 앞까지 간 저는…

"어머~~너 드럼치는구나!! 멋있다!!"라는 말을 기대 하고 있었습니다.

하지만 제 기대를 멀리한 그녀의 입에서 나온 한 마 디…

"어머 ~~ 너 지휘하는구나."

순박한 우리 순이

두메 산골에서만 살던 순이가 돈을 벌겠다는 결심으로 서울에 올라왔다.

어렵게 구한 일자리는 어느 고급 아파트의 가정부 자리였다.

성실해 보이는 순이에게 주인은 매우 만족해 하던 주인은 어느날…

모처럼만에 친한 사람들을 불러 식사를 대접하기로 했다.

그날 음식은 만족스러웠지만 좀 매웠는지 물을 찾는 사람이 많았다.

그 때마다 순이는 부지런하게 물을 가져다 주었다.

또 한 손님이 물을 가져다 달라고 했다.

물을 가지러 간 순이는 조금 뒤 빈 손으로 돌아와서는
반복되는 요청에도 그냥 서 있는 것이었다.
　　이상하게 생각한 주인이 재촉을 했다. 그러자 순이가
말했다.

"즈기유. 우물 위에 누가 앉아 있는 디유."

경고문

이 통로의 현관이나 창문, 벽 등에 광고지나 스티커를
붙였을 경우에는 장난 전화를 하겠음.
　−주민 일동−

화장실 낙서

지금 당신이 들어 있는 화장실에는 폭탄이 장치되어
있고 폭발까지 5초밖에 남지 않았다. 당신은 어떻게 할
것인가?
그 밑에…
5초 뒤 폭탄이 터지고 나는 죽는다.

5초 동안 마지막 담배를 즐긴다.

폭탄을 변기 속에 넣고 물을 내린다.

5초 동안 기다려보고 안 터지면 죽인다.

그 밑에…

유감스럽게도 나는 슈퍼맨이었다. 입 안에 넣고 터뜨려 버린다.

또 그 밑에…

유감스럽게도 나는 폭탄 제거의 달인이었다.

5초 안에 폭탄을 완전히 해체해 버린다.

그 아래…

유감스럽게도 나는 던지기의 달인이었다. 얼른 옆칸으로 던져 버린다.

또 아래…

유감스럽게도 나는 요가의 달인이었다. 변기 속으로 들어가 뚜껑을 닫고 기다리다가 폭탄이 터진 후 나온다.

아래…
유감스럽게도 나는 방귀의 달인이었다.
나의 무서운 생체화학무기인 방귀를 이용해 폭탄이 산소와 접하지 못하게 하여 반응하지 못하게 함으로 써 폭발을 막고 여유롭게 마저 싼다.

마지막 최고의 답변은….

유감스럽게도 나는 똥 싸기의 달인이었다. 5초 안에 다 싸고 나간다.

정액권을 사려다

친구의 설레이는 마음….

간만에 만난 친구가 자기 고향 친구라며 설 구경 왔다고 소갤 해 주었다.

설 첨와 본다고 모든 게 신기한 듯 둘러보던 그 친구….

범상치 않은 인상이었다.

근데 그 친구 지하철 타는 게 신기했나 보다…

특히 티켓팅 하는 게.

난 정액권이 있었지만 그 친군 오래 있을 거 같지도 않아 1회용을 사 주었었다.

근데 역에서 나오면서 자기 티켓 나오지 않는다고 이상하게 생각하는 것이었다.

난 친절하게 정액권을 설명해 주었고. 며칠 더 머무른 다던 그 친구는 자기도 사야 겠다고…생각했나보다.

다음날 표를 사기 위해.

그 친구 설레는 맘으로 표를 사러 갔다…

근데 갑자기 말도 못하고 쭈뼛쭈빗 머뭇거리는 게 아니가!!

무슨 일이가 다가가서 도와줄려는 찰라 그 친구왈…

"자유이용권 1장 주세요!!!!"

용감한 소방수 이야기

한 시골 농장의 옆 산에서 불이 났다.

농장 주인은 마을 소방서에 신고를 해서 소방차가 왔으나 불이 너무 크게 번지자 옆 마을 소방서에 지원을 요청하기로 했다.

불이 거의 농장 옆까지 번지고 있는데 옆 마을 소방차가 달려왔다.

낡고 허름한 옆마을 소방차는 불이 나 있는 쪽으로 달려와서 불길을 뚫고 산불의 중심부까지 들어가서는 멈추었다.

불길 속에서 소방수가 뛰어내리더니 미친 듯이 물을 뿌리기 시작했다.

마을 소방수들도 함께 가세하여 농장에 불이 옮겨붙기 직전에 불을 모두 끌 수 있었다.

농장 주인은 불길 속으로 뛰어들어 불길을 잡아준 옆

마을 소방수에게 감동하여 소방서에 500만 원을 기증하기로 했다.

산불 소식을 촬영하기 위해 왔던 방송국 기자들이 몰려와서 옆 마을 소방수를 취재했다.

"정말 용감하신 소방수이신데요. 기중한 돈은 어디에 사용하실 건가요?"

그러자 소방수가 화난 표정으로 방화복을 털면서 말했다.

"우선 이 고물 소방차의 브레이크를 고칠 겁니다."

최성국 사이월드 미니홈피 게시판 답글 모음

황신정 (2004.02.11 22 : 21)

나 1등…^^*

싸이질 조심하세요~

(잠 안 자구 싸이하면 불치병이라던데…)

최성국 : 너나 잘자라.

* * *

오빠 안녕!

나 왔다간다

최성국 : 누구신데 반말이시죠?

* * *

최성국 형님// 형님 너무 좋아요// !!

최성국 : 왜일까?

* * *

김문희 (2004.03.06 23 : 25)

오빠두 싸이를 하시는군요.

근데 왜 사진이 이리 없어요? 올리세여. 구경하게…
ㅋㅋ

놀다가요~~~~

최성국 : 오빠두.란건 나이 많다고 나 무시한 거냐?

＊

이영미 (2004.03.12 11 : 13)

안냐세요!! ㅋㅋ

싸이하시는군요? 동생이 팬인데…

저두 팬이에요. 놀랐어여…

행복하시구요. 좋은 일 가득하시길….

최성국 : 여자팬은 정말 좋아~~

* * *

유선정 (2004.03.23 10 : 18)

어제 친구들이랑 술 한 잔 하고 지금 집에 들어와서
싸이 켰다가 들르게 됐습니다아~
정말 멋진 분이시네요.ㅋㅋ
뭐든지 열심히 하세요. 화이또!!

최성국 : 술 마신 후 보셔서 멋져보이는 겁니다.

* * *

신은숙 (2004.03.23 08 : 59)

정수오라버니 홈 타고 왔어요.
드라마 "8월의 신부" 때부터 멋있다고 생각했었는데.

요즘엔 코믹한 캐릭터로 나오시더라구요^^

앞으로도 조은 이미지 부탁드려요^^

시간 나시면 제 홈피도 살짝 들려주세요*^^*

최성국 : "8월의 신부" 를 아신다면 님도 나이가…

그거 벌써 7년 된 건데…

* * *

고정민 (2004.03.23 11 : 22)

오빠등 싸이질을?^^

방가우이~~정말정말.

오빵 폰번 아예 바꿨떠라구용.~

^^ 좋은 하루~되세용!!

최성국 : 인기 연예인은 폰번 자주 바꾸게 된단다

***

김혜영 (2004.03.23 12 : 35)

첨 놀러왔답니다…

사진 멋찌시네요~

항상 좋은 연기 부탁드려요~

근데 왜 외로우실까~

빨리 외로움에서 벗어나시길~!

최성국 : 늘 외로웠답니다. 불치병인가 봐요.

* * *

김선희 (2004.03.23 12 : 31)

나름대로라뇨~

꽤 괜찮은 중견배우정~^—^

최성국 : 알면서 그렇게 쓴 겁니다

양선영 (2004.03.23 11 : 58)

나름대로…???? 고정민씨 홈피갔다가 설마 하면서 들어왔는데…

진짜네…암튼 무지 방가방가 ^^

담에도 놀러올께용…근데 요즘은 왜 안 나와여???

참 재미있는데…뒷글 읽다가 넘 웃겨서 미친눈소리까정 들었답니다…

답글 달아놓으신 거 정말 재미있네요…8월의 신부 참 괜찮게 빠지지 않고 봤었는데…

어떤 님이 8월의 신부 얘기 해 놓았더군요…

지금 다시 만들어서 봤음 좋겠는데…김지호씨가 힘들겠죠? 임신중이라고 들어서리…암튼 무지 재미있게 잘 보고 갑니다…

최성국 : 김지호씬 둘째치고 제가 안합니다.

＊

임해민 (2004.03.23 14 : 24)

후훗. 구경 잘하고 갑니다…
우와 멋있는 사진도 많이 있네요. 보니까 너무 좋아
요.
자주자주 들어올께요….
중견배우라니, 맞는 말이시긴 한데.
음. 아직까지는 미남배우라고 하면 나쁘실려나.
그래도 미남배우예요….

최성국 : 강조 안하셔두 압니다. 미남배우란 건….

＊＊＊

이정미 (2004.03.23 13 : 53)

잘 보고 가요~~

언능 TV에서 다시 볼 수 있기를…

최성국 : 스크린은 안 될까요?

＊＊＊

유인숙 (2004.03.23 13 : 21)

아저씨 잘 보구 가요. 사진 하나도 쓱 훔쳤답니다. 괜찮죠?

　가끔 놀러와두 되죠… 화이팅. ㅋㅋㅋ 아저씨라니까 나 되게 젊어 보이네…

사실은 개띠 동갑인ㄷㅋㅋ

최성국 : 괜찮습니다. 아주머니.

***

김문희 (2004.03.23 17 : 48)

오빠 이제 방명록에 답글
남기기가 힘들어 질듯….ㅋ
이렇게 하루만에 사람이 많아질 줄이야~~
암튼…싸이란….

최성국 : 질투냐? 아. 너 오빠가 찍은 애들한테 얘기해
봤냐?

＊＊＊

FunkyJ (2004.03.23 16 : 38 , IP : 210.99.136.110)
수정 | 삭제

최성국님 안녕하세요 저는 친구가 알려죠서 왔는데
요.

반가워요, 외로워하지 마시고요 이제 봄인데…

밑에 친구가 좀 씨니컬하죠? ㅋㅋㅋㅋ

여튼 몸 건강하시고요. 또 올께요.

그리고 쉑~쉬한 여성을 만나시길 바래요…. 앗싸 가
오리~!

최성국 : 섹쉬한 여성보단 귀여운 글래머 좋아합니다.

＊＊＊

권서희 (2004.03.23 16 : 20)

안녕하세요^^
재밌게 잘 보구 가요~>_<
언제나 행복하세요.!
또 놀러와도 되죠?^^;

최성국 : 허락받구 놀러다니십니까?

* * *

김혜연 (2004.03.24 02 : 43)

푸하하하하하하하하하…ㅡㅡ
집안의 핏줄인가요…??
사촌동생.(=룡드보이님)의 홈피 타고 왔는데.
넘 잼써요…ㅋㅋㅋㅋㅋㅋㅋㅋㅋㅋㅋㅋ

아직 많이 안 알려진 듯하여.

전 보물을 캔 듯한 느낌이네요…ㅋㅋㅋ

성국님 좋은 연기 부탁드려요~

잘생긴 외모에서 우찌 그런 유머들이.ㅋㅋ

최성국 : 그래서 인기많은 거 같습다.

＊＊＊

이승재 (2004.03.24 00 : 18)

최성국 형님 미니홈피를 알게 되서 매우 기분이 좋아요^^

너무 멋지세용…후훗~~

앞으로도 좋은 작품 기대할께요 ^^

좋은 꿈 꾸시와요~~~~!!

최성국 : 남자끼리 뭐 기분 좋을거까징…

* * *

낭만자객 촬영하실 때…
문경새재 놀러 갔다가…
점심 드시는 거 봤어요.
너무 멋있어서 쓰러지는 줄 알았음…^^
앞으로도 좋은 연기…멋있는 모습 기대할께요.

최성국 : 제가 좀 점심을 멋있게 먹는 편입니다.

* * *

동생 잘 둬서 홈피 장사 잘되네.ㅋㅋ
바쁜 무비스타가 답글도 다 달아주고.
요즘 정말 한가한갑다…

근데 가만 생각하다보니.내가 삐끼……ㅡ.ㅡ;;

최성국 : 바빠두 일케 해야 인간적인 연예인이란 소리
듣는다.

* * *

성국 형님~!
9기 백승욱입니다~!!! ^^
건강하시죠?!
1촌신청했으니 받아주십쇼~!!!
으헤헷~!

최성국 : 받아줄테니 담부턴 으헤헷~! ' 이런 거 쓰
지 마라.

***

안녕하세요…후훗. 지금 수업중인데요.

대충 끝나고 지금 놀고 있어요.

노는 건 너무 즐거워요.

나름대로 중견배우에 최고의 미남배우.ㅋㅋㅋ

오늘도 즐거운 하루 되세요.

최성국 : 난 노는 거 지겹습니다.

***

안뇽하세요!! 저는 낭만자객 극장에서 봤어요!! ㅋㅋ

성국님의 화장실 씬은 아직도 기억에 남는답니다.

앞으로도 자주자주 놀러 올께요 업뎃많이 많이 하세

욥!! 홈피가 더욱 왕성하게 번영하길 바랍니다.

^^ TOTAL 100000000을 향해서~~ 아뵤!!

암요… 봤죠… 저 맨 앞줄에서 정말 선명하게 봤답니다.

최성국 : 님도 제 엉덩이를 큰 화면으로 보셨군요…

***

(ᄂ) 김희선…윤정수.려원…담에 온 게 성국님 홈피네요 ^^;

생각보다……수수한 느낌이 드는 홈피네요 ㅋㅋ

낭만자객 비됴방에서 바찌만 ――;;

홈피 둘러보다가…영화관에서 볼껄…하는 후회가 ㅠㅠ

그래두 넘 재밌었는데요….낭만자객요 ㅋㅋㅋ

즐거운 하루 되시길 바래욥 ^^

앗 저보다 10살이나 많으시네 ㅋㅋㅋㅋㅋㅋㅋㅋㅋ

최성국 : 비됴방은 야한 거 보는데 아닌가??

* * *

요즘 성국이 무척 한가한가보다

상룡이가 내 마음을 다 말해 줘서 더 쓸 말은 없구…

그래두 친구들끼리 만날 땐 아적 바쁜 척하는 것 같두

만…

얼굴이나 보구 살자 ^^

최성국 : 줄서라… 새치기로 내 얼굴 볼 생각말구

* * *

성국오빠~~~~ 칭구홈피보구 들렀죠~~~오빠 색즉

시공 잼나게 봤떠염.^^

더 좋은 활약 기대할께염.

홧팅!!! 감기조심하세염 ~~ (전 영화관에서 봤떠염)

올 찾아온 손님 중에 누가 저의 친구일까요? 으캬캬
캬캬~~~~.ㅡㅡ;;;

최성국 : 안 궁금합니다. 죄송하지만… 진짭니다.

*** *** ***

오빠 감기 조심하세요 저는 장난 아니게 걸렸거든요
ㅜ.ㅡ

정말 감기 오래 가여….

오빠가 이렇게 답글 달아주구 하니까 정말 신기한 거
있죠! ^^

최성국 : 감기기운 땜에 신기해 보이는 겁니다

＊＊＊

ㅋ 수업을 바드라니 ㅋㅋ

너무해 ㅋㅋ 혼자 맛난 가재 먹고 >.<

나도나도 사죠요 ㅋㅋㅋ

최성국 : 남친한테 사달라 해라. 아님 어부를 사귀던

가.

＊＊＊

고맙습니다. 일촌신청 받아주셔서.

신청 점심식사 전에 했는데 점심먹고 들어왔더니 벌

써 받아주셨네요…

혹 싸이 중독이 아닌지…의심스럽습니다.

지금은 전 중독 같습니다만 다른 관심거리가 생기면

좀 덜하겠죠…암튼 고맙구요 자주 놀러오겠습니당…충

성!!

최성국 : 여긴 여자 많아 재밌어 그런 겁니다.

＊＊＊

최성국 형님, 반갑습니다. ㅋ 어쩌다보니 성국님의 홈
피를 알게 되었네요.ㅋ

최성국 : 어쩌다 봐야 반가운 겁니다

＊＊＊

답플보고 쓰러짐…
내 글 위에 상용님 글 보고 쓰러짐.
학교 로비에서 웃다가 소매물고 웃음 참음…. 캬캬
ㅋ!!!

인간적으로 해야…. ㅋㅋㅋㅋㅋㅋㅋㅋㅋㅋㅋㅋㅋㅋ

언제까지나 인간적인 중견배우 무비스타 성국님이 되세요!!!

이제 수업하러 쑝쑝=333

최성국 : 소매 늘어나니 담부턴 그냥 웃으십쇼.

***

형~

저 형하고 띠동갑인 −_−;

형의 남자팬인데 −.─;;

여성팬이 아니라서

맘 아프시죠~!?

솔직히 남자팬은 별로시죠 −_−??

여성팬이었으믄 좋겠죠 ─.─????

ㅎ~~~~

최성국 : 남자도 삐지는구나… 힘들다. 이젠 남자 눈치도 봐야…

* * *

어찌하다가 찾아왔는데요
여기 너무 좋아요 ㅋ 인간적이고 재밌기도 하고,, ^^
리플도 너무 재밌어요 ㅋㅋ

아,, 글고 사진 두 장 슬쩍 스크랩해갑니다,,;;
앞으로도 재밌고 멋진 모습 기대할께요~ ^^ .

최성국 : 열두 장 가져가도 됩니다

***

울 막낸 연극과인데~ㅎㅎㅎ
울 막내두 성국님처럼 색깔있는 배우가 됐음 좋겠어
요!
나름대로 재밌는 녀석인데^^*
교회오빠들이 67, 68도 많아서 나이 많다는 걸 못 느
끼겠네요~
ㅎㅎㅎ
늘 넉넉한 맘으로 사세요…
근데… 혹시 B형이세요? 그냥 그런 것 같아서~^^;;;

최성국 : O 형입니다. 성격 예술입니다.

* * *

형님 저 들렀다 갑니다.
잘 계시져?
가끔 올께여~

최성국 : 니 머리통 만지고 싶다.

* * *

후훗. 미남배우 성국님. 오늘도 멋지구리하십니다.
음악이 좋은데요. 음… 괜찮아요.
오늘 하루도 즐겁게 지내시와요.

최성국 : 내일도 멋질 겁니다.

*　*　*

<===저 사진 넘 맘에 드내영 ^-^ 잘나와땅 >. <

히힛~첨 놀러와써영^-^

진짜로 25살 이상인 여자들에게 성국님 하고 친하다

고 하면 잘해죠용??

죠은 일만 항상 까아~~~~~~득^-^

최성국 : 서른 이상들은 죽습니다

*　*　*

오빠…

찌늬. 오늘도 여김없이 발도장 꾹 찍고 가요.

노래가 오빠랑 안어울린다고 하네용.

제가 다른 노래로 할 껄 그랬나요?… 아공.

하여튼 나중에 다시 또 노래 선물할께욤.

신나는 음악으로. ㅋㅋ 좋은 하루 되세욤. ^^*

최성국 : 가야금산조라도 공짜라면 난 좋음.

* * *

나름대로 중견배우라니요 ㅋㅋ

아직 멋집니다요 형님 언젠가 나중에 뵙기를.

감기 조심하시고 즐거운 싸이하세요 ㅋㅋ

재밌게 보구 갑니다.^^

최성국 : 아직이라니… 앞으로도 계속 멋질 예정입니다.

* * *

ㅋㅋ 인간적인 연예인!

최성국 : 대한민국 연예계에 몇명 없습니다.

＊

ㅋㅋ 캐디일 하십니까 정말 대박이네요 ^^
성국형님은 아침형인간 같으시네요.
이 시간에는 깨어 있으신듯…후훗

최성국 : 밤새 술 퍼마신 겁니다. 이제 잘건데……

＊

오늘 하루도 좋은 하루 …
이곳은 실시간 같아요 ㅋㅋ 답글이 바로바로
오늘 날씨는 점점 맑아진다고 하네요
(일기예보가 맞을려나.ㅡ,.ㅡ)
이런 날 밖에 나가서 놀고 싶습니다!!!!

봄소풍~~~~~~~~~~~~~~

최성국 : 전 비왔음 합니다. 딴 사람들도 다 집에 있
게…

＊＊

안녕하세요^^

병성오빠 홈피에 놀러갔다가……

저는 부산에 사는 유리구요…

지금 잠시 수업이 없어서 이렇게 들어왔습니다…

앞으로 자주자주 놀러와두 되죠? ㅋㅋㅋ

좋은 하루 되시구요…행복한 하루^^ · ·

加油!!(지아요우!!)화이팅~~~!!!

최성국 : 오빠 부산가면 벨라지오에서 부킹 한 번 합
시다.

***

성국님….

절제된 코믹연기의 대가….

존경함돠…

앞으로 자주 올께요…

화이팅!!!

최성국 : 절제된 코믹멜로의 대가로 바꿔주십쇼.

***

ㅋ 베이비~~ 와써요^_^ㅋㅋ

푸하하 어제 너무 늦게까지 놀아서.ㅜ.ㅜ

피곤해 죽게써요ㅠ.ㅠ…….

아침에 또 일찍 수업있어서 나오는데.ㅡㅡ^

얼마나 졸리던지.ㅜ.ㅜ ㅋㅋ 오빠 주무시나요?ㅋㅋ

ㅋ 요옆에사진 이뿌다 ㅋㅋ

최성국 : 집에다 거짓말하고 늦게까지 놀땐 쪽지 보내
시길…

＊＊

오늘은 맥주를 조금 마셨네요~~*^^*

기분이 아주 좋아요~

맥주 좋아하세요?

최성국 : 웬 낮술?? 아. 농사일 하시나?? 그건 막걸린
데…

＊＊

와~이렇해 답글두 일일이 달아주시구 넘넘 멋집니
다.

진짜 왕 팬이에요!!

앞으루 영화랑 티비에서 자주 봤으면 좋겠어요!!

음반 내실 계획은 엄으세요?? ㅋㅋ

목소리 너무 매력?? 적이신듯. ㅋㅋ

앞으루두 좋은 모습 많이 부탁드려요!

최성국 : 저두 왜 음반 제의가 안 들어오는지 의아합
니다.

* * *

성국 오빠

오늘 날씨 정말 좋네요. ^—^

으아~ 요즘 어디론지 떠나고 싶다는….

늦감기 유행이던데 감기 조심하십시오~

최성국 : 바람나시려는 징조입니다. 조심하십쇼.

* * *

재밌어요.

깔깔깔깔깔깔

최성국 : 재치와 위트가 넘치는데 어떡합니까?

*** *** ***

안녕하세요^^
이학천 본부장님 소개로 들어왔습다 ㅋㅋ
가끔 성국님께서 문자 보내시는 거
저희한테 자랑하시거든요.
앞으로도 계속 응원할게요!!

최성국 : 냅두십쇼. 오죽 자랑거리가 없으면 절 팔겠
습니까??

* * *

형재오빠 홈피 들렀다가…^^

대박가족에서나 낭만자객에서. 그리고 방송 봤을 때

정말 재미있고 유쾌한 분이구나. 라고 생각했었어요

^^

홈피가 분위기 있네요~^^

담에 또 놀러와도 돼죠?^^

그럼 항상 행복하시길…

최성국 : 실제로는 카리스마 넘칩니다. 부담될 정도

로….

* * *

오빠!

제일 친한 연예인이 누구예요??

갑자기 문득 궁금해짐…^^;

최성국 : 한무, 이용식, 남진, 임동진, 양택조 등등 주로 남성분들.

***

홈피 구경 잘하구 갑니다~^^

대문 사진 gooooooood이네요~

꽤 분위기 있당~^^

감기조심하시구, 항상 행복한 성국오라버니 되시길 바래요…안녕^^

최성국 : 못나온 사진입니다. 실물 보면 죽습니다.

***

답글이 넘 재밌어요.

ㅎㅎ

한 줄 리플이라니.

인생이 한 줄이라면 그 줄로만 갈텐데…

길을 알려주지 않으니.

저녁이 되니 좀 쌀쌀하네요.

감기 조심하세요.

최성국 : 길게도 가끔 쓸테니 어렵게 말씀하지 말아주
십쇼.

＊＊＊

성국오빠~저 모르시겠죠~ㅋㄷ

수경언니 동생이었던~수연이예요~

오빠~흑과백 촬영할 때~ㅋㅋㅋ

병성오빠랑 싸이로 다시만나고 연락되서~오라방소

식 여쭈어보니~

싸이를 하신다기에~으하하~

옜날에 오빠가 주신 sbs노트~아직도 가지고 있죠~

노트에 적어주신 싸인도~헤헤*^^*

병성오빠랑 담주에 만나기로 했죠~

사진 많이 찍어서~남길께요~히히~

최성국 : 요즘도 섹시하냐?

＊＊＊

오우… 생각보다 나이가 많으시군요…

용하님 홈피 갔다가 들러봤습니다…

좋은 봄날 맞으세요…

최성국 : 그래서인지 요즘은 중후한 멋도 배어나온답
니다.

240

＊＊＊

아저씨 저 또 놀러왔다 갑니다.

며칠 사이에 홈피 방문자가 이렇게나 많아지다니

지금이 새벽 2 : 00쯤 됐거든요

근데 벌써 37명 와우 인기 짱이십니다.

울신랑 여기있는 답글보고 배꼽을 잡고 웃습니다….

독감이 유행이라던데 감기 조심하세요.

★동갑내기 아줌마가★

최성국 : 아직 신혼이신가보네요. 2시까지 안 주무시
니.

＊＊＊

안녕히 주무세여~^^*

최성국 : 안 자요. 떡볶이 하는 중입니다. 라면사리, 고
향만두도 넣구.

* * *

헉헉,,

남궁민 오빠 싸이에서 파도타고 왔어요,

이제 싸이 입문했는데, 방문객이 장난이 아닌걸요,

싸이의 기본수칙은 찾아온 사람들 싸이는,

한 번씩 방문해 줘야 하는거에염,

제 싸이도 오세요.^^

최성국 : 전 멋대로 사는 놈이니 맘 땡길때 가 보렵니
다.

* * *

어머. 오라버니. 나이에 비해. 너무 어려보이는 거 아
닙니까?

나이 처음 알았네.-.,-

오빠.연기 너~~무 속이 시원~~해여~~

넘 유익하게 보고 있습니다.ㅋㅑㅋㅑ…

성국 오라버니 홧팅!! 홧팅~!!

최성국 : 유흥업소 들어갈 때 증보자그래 귀찮습니다

＊＊＊

윤정수 (2004.03.26 08 : 25)

ㅎㅎㅎ
형 잘 지내죠…
형의 카리수마가
물씬 느껴지누만
참고로 연예인이 사진 올린 건
형이 첨이야
히히히
역시 형은 특이해…

최성국 : 너 요즘 돈 좀 땡긴단 소문이 연예계와 요식
업계에.

부럽군…많이… 난 엄한대 투자했다가 거지됐음.

***

오늘 날씨 넘 좋아요~
이럴 땐 운동이 최고~!!!!

최성국 : 줄넘기 하십쇼. 돈 안들고 좋은 운동입니다

***

우와~최성국님 홈피네요~
낭만자객이랑 색즉시공에서의
코믹연기 너무 재밌게 봤습니다
특히 색즉시공에서의 차력연기.
내몸은 돌이다. 자. 쳐라. ㅋㅋㅋㅋㅋㅋㅋㅋ

최성국 : 그렇게 잘했는데 왜 상 안 주나 몰라.

* * *

성국어빠가 나름대로 중견배우 ㅎㅎ

오빠의 편안해 보이구 능청스런 연기 정말 좋거든여?!

앞으로도 항상 그렇게 편안함을 잃지 않으시길 바래여^^

(~ㅡ.ㅡ)~ 또 올께여.

최성국 : 편안해 보입니까? 그게 짬밥이란 겁니다.

* * *

이리저리 돌아댕기다가 놀러왔어여.

은행계좌 넘 인상적이에여…ㅋㅋ

싸이의 힘으로 얼렁얼렁 장가 가시기 바랍니다
~~~~~~~~*

최성국 : 은행계좌… 싸이의 힘으로 돈도 벌어보려 합
니다.

* * *

아저씨 저 신혼 아닌데요. 결혼 8년차입니다.

사진첩에 사진 올렸어요 시간 되심 꼭 추천 부탁드려
요

정말 감~솨

주위에 홍보두 부탁 ㅋㅋㅋ 염치없죠. 원래 아줌마들
의 특성이잖아요….

ㅋㅋㅋ 또 올께요.

★ 동갑내기 아줌마★

최성국 : 신혼은 맘입니다. 내 친군 결혼 9년찬데 아직도 둘이 꼭 껴안구 잔답니다. 미친놈…

***

이곳저곳 다니다가 mbc겜에 케스터하시는 최상용님 홈피 갔다가 우연히 발견하고 넘 기뻐서 들어왔어여.
며칠 전에서야 낭만자객을 봤어여
넘 재미있어서 친구랑 무지하게 웃었답니다.
그리고 내용도 참 뭔가 생각하게 했어여.
또 재밌는 영화 찍어주세여. ^^v

최성국 : 이젠 멋있는 영화 하렵니다. 안 써줘서 문제지.

***

열심히 답글을.^^

오늘도 날씨는 좋은가?

최성국 : 여긴 대구. 객적인 일루. 날씬 좋은데. 너 왜
이젠 반말?!!

＊＊＊

신선화 (2004.03.26 13 : 10)

요즘 저에게 또하나의 일거리가 생겼습니다.

성국님의 답글 읽는 거요.

하지만 이 일은 참 즐겁네요. 하하하하.

날이 좋죠. 좋은 날 되세요.^^

최성국 : 난 지겨워지려 합니다. 이게 본업 같아지려

함.(2004.03.26 13 : 11)

***

192 전진찬 (2004.03.26 13 : 08)

자알 보고 갑니다….
첨으로 들어와보는 배우의 홈이네요….
뒤에서 응원하겠습니다…^^

최성국 : 앞에서 오바하시며 응원해도 되는데……

***

자갸~~~♡
ㅋㅋㅋ 이렇게 불러주는 사람 얼렁 만나세용^^*

최성국 : 좀만 더 놀다 만날 겁니다.

* * *

오빠 제 홈 꼭 놀러오세요
안 오면 지상렬 ——ㅋ

최성국 : 지상렬 안 왔습니까?

* * *

오빠도 싸이를 하시는군요…ㅜ.ㅜ
너무 좋아요~~~~

최성국 : 뭐가 그렇게 좋은 겁니까??

＊＊＊

　　세상에서 오빠가 젤 욱껴여 ㅋㅋㅋ 오빠 사진 씨리즈
보고 하루종일 웃고 있숨돠 ㅋㅋ
　　울카페 놀러와요 ㅋㅋㅋㅋ
　　오빠 완죤 인기짱이에요+_+
　　짱조아용 크크~

　　최성국 : 그냥 님들끼리 노시죠…

　　　＊＊＊

　　오빠 제꺼두 놀러오세여
　　멋지세요…ㅋㅋㅋㅋ ^^ 일촌도 해주시면,,, 정말 날아
갈 꺼예요,,ㅋㅋ

　　최성국 : 스튜어디스 하세요?

***

오빠 기대고 찍은 사진 최고에요!

오빠 너무 멋져요 ~~~ 울 카페에서 오빠가 인기 최고에요 ^---^

최성국 : 딴 데서두 최곱니다.

***

넘 멋지세요…ㅋㅋㅋ

정말 제 주변에 성국님 좋아하는 사람들 디게 많아요…

최성국 : 압니다

***

오빠. 저희 카페 있잖아요.

원래 남자는 못 들어오거등요

근데 지금 분위기라면 오빠만 입장시켜 줄 꺼 같아요

서두르세요. ㅋㅋㅋㅋㅋㅋㅋㅋㅋㅋㅋ

딱!지금 오빠인기 최고에요.

최성국 : 엄마한테 물어보구요.

***

중견 배우 성국형님~!! ^-^

달봉이 놀러 왔슴다. ㅎㅎㅎ

역시~~~ 4일차에 잼나게 많이 만드셨네요~~ ^^

전 엽기적으로 꾸미려구 했는데, 아이템에 한계가 보여, 잠시 꾸물거리고 있습니다.

가끔 싸이 테러 하러 들르겠습니다.

또 올께요~!!!!! ㅋㅋㅋㅋ

여자 많이 달구 왔다 감.

최성국 : 잘하고 있다. 골라서 델구와라~~ 귀찮아 지
지않게.

***

성국 오빠 너무 웃기고 귀여우세요 ^^

ㅋㅋㅋㅋㅋㅋㅋㅋㅋ

ㅋㅋㅋㅋㅋㅋㅋㅋ 오빠 볼라고 낭만자객 극장에서

봤는데 ㅋㅋ 잘했죠?? ^ㅠ^

최성국 : 울 영화 그래도 적자.

***

돈 많이 버세요 네?

더이상 시련은 없어요~

최성국 : 그랬으면…….

＊＊＊

오늘 하루 성국님 땜에 기분 up됐어요~!!
츠오에요 츠오~!! 넘넘 좋아요~!! 므흣^_____^

어떤 스탈의 여자를 좋아하시는지.
적극 알아볼께요~!!ㅋㅋ
부디 제 글에도 리플을………부탁부탁~

최성국 : 어디 가서 알아 보실 겁니까?

＊＊＊

저도 카페서 보고 놀러 왔어요.
우리 카페 여성전용카페인데 오빠 인기 최고예요 ㅋ
ㅋㅋㅋㅋ
난 처음에 최성국 최성국 그래서 축구선수 최성국인

줄 알았는데ㅋㅋ 성국형 너무 좋아요 ㅋㅋ
　　우리 카페로 놀러 오세요요요용

　　최성국 : 커피 한 잔 서비스 주신다면….

＊＊＊

　　성국오빠 ㅋㅋ 울카페서최고의 인기장이세요. 너무
멋져서 쓰러질 것 같다는 ㅋㅋ

　　최성국 : 알아챘군….

＊＊＊

미니룸에 있는 계좌번호 진짜이오??
　　얼마면 되는거요!! 얼마면!!
　　내 곧 넣어드리리다.

성국ㅎ♡

(하오체를 쓰는 나를 부디. 이해해 주시오)

최성국 : 난 반말 싫어하는데?

*　*　*

검색창에 최성국이라 이름을 치면
축구선수 "최성국"이 나와 대략 낭패!0_0;

오빠! 올해는 광고 많이찍으세요~^0^v
(역시 돈되는 건 광고죠.)
알럽카페~ㅋㅋ

최성국 : 나두 그랬으면…. 계좌번호 안올려두 될텐
데…

* * *

성국님ㅋㅋ

저희 카페에 성국님이 인기폭발이라

저도 물어물어 왔답니다~

답글도 일일이 다 달아주시고 정말 매너 굿!이에요^^

앞으로 성국님 인기 더더 많아지실 것 같네용~~ㅎㅎ

최성국 : 인기 더 많아지면 귀찮아져서,,,,, 지금이 적
당한데.

* * *

미니룸에 계좌번호 확인해 봤더니 진짜 최성국님 계
좌번호 맞더라구요.

울 회사 여직원들 다 웃겨 뒤집어졌습니다. ㅎㅎ

덕분에 기분 좋은 저녁을 보낼수 있을 것 같네요~ ^^

최성국 : 돈 부치신 후 웃으신 겁니까?? 감사합니다

* * *

꺄아~성국오빠~정말 영화서 보던 캐릭보다도 훨씬 더 잼나신 거 같아요 ㅋㅋ 재치넘치시고^^

그래서 그런지 무쟈게 젊어보이시네요~ 깜짝 놀랐어여!

건강하시구요 자꾸만 오빠 홈피 놀러오고 싶을 거 같네요 ^^

최성국 : 중독성있는 놈이니 자제하며 오십쇼

* * *

푸하하 미니룸 계좌번호 ㅋㅋㅋㅋ얼마면 되는데???

얼마면 오빠 살 수 있나요~ 꺄륵~~^^*

성국이오빠 때문에 우리 카페가 후끈 달아오르고 있답니다. ~^^*

재간둥이~ 재치둥이~ 귀염둥이~ 익살쟁이~라구 ㅋㅋㅋㅋㅋ

최성국 : 평일 3만원. 주말 5만원.

＊＊＊

안녕하세요~

싸이월드 하신다는 말에~ 바로 왔어요!!

정말 오빠 팬이예요!!! ㅋㅋㅋ

(제가 연예인 홈피에 방명록 쓰기는 처음인데 므흐흐)

대박가족에서

정말 대박~웃겼는데. 오빠 때문에 봤다니깐요~!

아. 제 홈피에도 대박가족사진 있어요~

(저는 일 년 전에 오빠의 르커~사진을 올렸었답니다)

그 꼬맹이들도 생각나네요. 특히 여자애 -.-

참, 잡지에서 봤는데 색즉시공에서 역할이 감독님께서 오빠로 염두해두고 맡기셨던 거라면서요?

츠오로 잘 어울려요~

(물론 저는 돈내고 영화관가서 봤답니당. 크크크
Down 노노~)

요즘에 합성사진도 많고~ 너무 좋아요~!!!

조각 같은 외모가 이제서야 빛을 발휘하네요.

이 인기를 발판으로,

CF도 많이 찍고, 영화도 찍고, 도랑치고 가재잡고,

누이 좋고 매부 좋고~

돈 많이~ 버세요!!!

홈피 너무 재미있어요 ^^

건강하세요!!

최성국 : 조각 같은 외모,,, 간만에 들어본 단어군….

* * *

오빠 계좌버노 원츄예요 ㅋㅋㅋㅋㅋㅋㅋㅋㅋㅋㅋㅋ
넘 웃겨요 ㅋㅋㅋㅋㅋㅋㅋ

최성국 : 난 심각한 건데?

* * *

평소 성격은 굉장히 내성적이실 것 같았는데^^
대박가족에서 나왔던 캐릭터 성격 그대로네요*^^*
항상 밝게 생활하시는 것 같아요~
근데 대문에 있는 계좌번호 진짜 성국씨 꺼에요??
ㅋㅋㅋ
저도 외환은행 계좌 있는데.

446-18-03683-6

ㅋㅋㅋ

최성국 : 자랑하시는 겁니까?

***

인정 중견배우!! 중견 영화배우!!
미니룸 멋짐…

최성국 : 잘 알고 있음.

***

안녕하세요^^ 미니룸 보구 쓰러지는 줄 알았습니다.
님 좋아해요^^
앞으로 번창하시길 바래요.

최성국 : 번창할 예정입니다.

*＊＊

성국오빠 조미령씨랑 너무 잘 어울리는데 진짜 사귈
생각 없으신가여?
예전에 둘이 열애설도 한 번 났었던 거 같은데…
조미령씨 남친이랑 헤어지면 한 번 잘해 보세요…….
꼭이여~~~~~~~~~~~~!!!!!!!!!

최성국 : 미령이 지금도 남친 없답니다.

*＊＊

와 어떻게 이 많은 글들에 리플을 다시는지 ㅋㅋㅋ
리플도 정말 웃겨요 !! 실제로 봐도 말 잼있게 잘 하실
꺼 같은데… 맞소?

최성국 : 반말이시네?

*　*　*

항상 열심히 하시고 유쾌하게 사시는 모습이 보기 좋
아요~

심심할 때 종종 놀러오믄 즐거울 거 같애요~

앞으로도 열심히 하세요~~^^

근데„ 하루방문객수가 장난이 아니네염.ㅋㅋㅋ

최성국 : 이 방문객들 좀 가져가세요…. 난 하나두 안
좋음.

＊＊＊

예전에 8월의신부에 김지호(진경아씨였나??)씨를
과거에 좋아하는 역으로 나오셨을 때 멋있다구 생각했
었어요~
꽤 오래 전이죠~
그땐 재밌으신 분인 줄 몰랐는데~ 넘 웃기시네요^^
말투 생각하면서 글 읽으니깐 더 웃겨요~
강가에 패러디사진들~ㅎㅎ
P.S. 미니룸에 있는 계좌번호 진짜인가요??
앞으로 멋진 배우 되시길 바래요^^

최성국 : 돈 부친 후 물어보세요.

* * *

ㅋㅋㅋㅋㅋ 답글이 짱인데요~ ㅎㅎ
제 계좌 번호도 알려 드릴테니 저에게도 좀 도움을 ㅋ
ㅋㅋㅋㅋ

최성국 : 구걸은 님 홈피 가서 ….

* * *

또 왔답니다~ ㅋ
정말 인간적으로 느껴지는 분입니다─ ㅋ
매일와서 리플을 보며 항상 웃고 간답니다~
리플다는 거 참 힘드실 텐데,,,
정말 대단하십니다 ─

앞으로 더 좋은 모습 보여주세요~
또 놀러 올게요~~~~

최성국 : 힘들면 내 성격에 안합니다.

*　*　*

처음 들어와 보네여…
티비에서 볼 땐 그냥 웃기만 했었는데.
정말 잘 생기셨네여….
사진은 다 가져가고 싶었으나,
딱 2장 가져갑니다….
항상 멋진 모습 보고 싶네여…^^

최성국 : 잘생겼습니다.

*　*　*

안녕하세요. 남궁민?님 홈피에 우연스럽게 갔다가 여기까지 오게 됐어요. 진짜 최성국님? ㅋ

오우 저한테 아저씨네요 ㅋㅋ 중견배우 아저씨~

지금 홈피 노래와 제가 틀어논 노래가 섞여서 무슨 노래인지 모르겠다….

암튼 좋은 하루 되세요 ^^

최성국 : 뭘 말하고 싶은 겁니까?

*　*　*

근데 성국오빠 이거 보시구 막막 시러서

비꼬는 거다 일케 생각하지 마세요~ 절때

그런 거 아니구요, 넘 재미있으시고 해서

죠아서 일케 찾아들 온 거니까~ 근데 이 많은

방명록 리플 어케 다시게요?!! 막 다들
기대하고 썼는데 리플 없음~_ㅠㅋ 암튼~
이거 보시고 앞으로 연기 더욱더 잘하시길
바래요 대박배우 최성국으로 거듭나길-0-~♥

최성국 : 글쎄 말임다. 리플 하나당 500원씩 받을까?

＊＊＊

와아………최성국님~!!
저랑 결혼해 주세요~~!!!

최성국 : 죄송합니다~~.

＊＊＊

헉. 성국 형님 드디어 떴어요 ^^

최성국 : 이런 걸루 뜨면 좋겠냐??

* * *

오오.사랑해요 최성국씨…결혼
아랫녀석이랑 하지 말고 나랑 해주세요.
오오. 보고 싶어요. 너무너무 잘 생겼어요.
성격도 넘 좋을 꺼 같아요

최성국 : 예술이죠…

* * *

외로우신가요?

최성국 : 많이…… 특히 해 떨어지면…

* * *

와락~~~~~~~~~~~~
한 번만 안아봐도 되겠습니까? 응?
넘 재밌네요 홈피가 ㅋㅋㅋ
방명록 다신 분들도 넘 웃기세요^^
최성국님 화이팅!!!

최성국 : 안긴 다음은 책임 못집니다.

정말 딱 더도 말고 덜도 말고
나름대로 중견배우 최성국님 같은
애인 있었음 좋겠소
내 품에 안기시오~ 와라라라락~~

최성국 : 샤워하구 쪽지 보내세요. 집 약도 넣어서

* * *

홈페이지 너무 재밌네요. 나름대로 중견배우 최성국
님.
처음에 일요일 아침엔가 아마, 박수홍씨랑 같이 나왔
던 것 같은데 프로그램 안에 짧은 단막극 같은 거-_-
에서 최성국님 볼 때, 참 멀쩡하게 잘생기신 분이 독특
하다~라고 생각했는데, 흐흣~ 독특하실 뿐아니라 재밌

으시기까지 하시네요!!!

최성국 : 매력까지 겸비돼 있는데 어쩌죠?

*** *** ***

오빠~~
옛날부터 조아했었는데.ㅋㅋ
싸이 홈피까지 알게 돼서 넘 조아요~ㅎㅎㅎ
앞으로도 멋진 연기 보여주세요~
색즉시공, 낭만자객 둘 다 넘 재밌게 봤거든요~
화링~!!ㅎㅎ
근데 미니룸에 써 있는 계좌번호.
진짜에요~??ㅋㅋㅋ

최성국 : 돈 넣어보면 알 텐데…

***

과연 이많은 리플에 최성국씨가 리플을 달으려나??
리플단다에 오백원~~

최성국 : 오백원 버셨네…

***

꺄~

권상우. 조인성. 비…. 동방신기…

에 이어 오빠가 울카페 5대천왕에~~><

오빠 너무 멋있어여~>0<

헤헤.

아 진짜 나이차만 안났어두…ㅠㅠ

열두 살 차이 극복할 수 있으시겠어여?ㅠㅠ

오빠만 좋다면야~~ㅋ

앞으루두 멋진 연기 보여주세요.

항상 건강하시구여~~~^^*

최성국 : 사랑에 나이는 문제가 아닌듯… 얼굴이 문제
지.

* * *

내일 입금할게요

최성국 : 낼 일요일이니. 폰뱅킹이나 인터넷뱅킹으로…

* * *

우와 리플도 달아주시고 자상하신 면이 있나 봐요~>.<

저도 리플 달아주실꺼져~~??님 인기 많으셔서 제가 못 보면 어떡하죠?^^

최성국 : 원래 인기 많은데????

＊＊＊

성국ㅎ. 안녕하시오~
우리 동료들이 다녀갔더구랴. 내 한발 늦었소.
인증서 만료로 인하여 입금은 내일 해드리겠소.ㅎㅎ
왜 이리 잘 생기셨소! 폼 반했소.
자~~~~~~우리들의 품에 와 안기시오~
성국ㅎ이라면 언제든 환영이오!!!

최성국 : 얼굴 보구 안겨드리죠

＊＊＊

그럼 은행은 500원 번 거네요?ㅠㅠ
울 성국오빠 310원 벌었는데.ㅡ.,ㅡ
오빠!
제가 담에 형편 좀 나아지면

돈 팍팍 입금해 드릴께요.ㅠㅠ

최성국 : 열심히 살겠슴다

＊＊

지금 난리도 아니에여~
너무 궁금해서 휘리릭 오니 역쉬~!
제가 가는 사이트는 성국님의 답글로 한바탕 회오리
가 치고 있슴당~
앞으로 답글 다 실려면 힘드시겠어여 글이 너무 많아
서~

최성국 : 미치겠슴….

＊＊

홈피 쨈있다는 소문 듣고 왔어요. ㅋㅋㅋ
형편 풀리면 입금 하겠사와요~

최성국 : 빨리 풀리시길….

* * *

아~~쨈있게 보구간당~~ 저두 카페서 소무 듣구 온
건데영,,
첨엔 축국선순 줄 알았다능~~ 켁켁!
대문사쥔 님 머찌고영,, 내꺼두 답글 다라주낭??
싸랑해용!!!

최성국 : 국가 대항전 있을 때 변장하구 제가 뛰는 겁
니다.

＊＊＊

재미있게 보구 갑니다. 대문사진 멋지네요!

최성국 : 알고 있슴다

＊＊＊

저도 아래분들이 말한 카페에서 보고 왔어요.
권상우, 비, 조인성, 동방신기에 이은 초인기!
저 첨엔 대박가족에서 잘생긴 오빠가 엄청 웃기길래
연기하느라 힘드네 생각했는데
원래 성격도 재치있으시네영.ㅎㅎ

최성국 : 30대 중엔 나밖에 없군….

***

방명록 죽음이네요;;
언제 관리하시려나;;
ㅋㅋㅋㅋㅋㅋ

최성국 : 귀찮아짐 안할 거다.

***

연애인 홈피라서 다른가 봐요…
솔직히 연애인이란 생각두 별루 안드는데….
내 친구꺼 타구 왔는데요….
오빠 귀엽네요 보기보다…ㅎㅎ

최성국 : 시비 걸러 오셨습니까 −

기만광고

두 아이가 가게에 갔다. 한 아이는 아홉 살이었고, 다른 아이는 네 살이었다.

아홉 살 먹은 꼬마가 진열대에서 생리대를 고르더니 계산대로 가자 판매원이 물었다.

"엄마가 사오라고 했구나?"

"아뇨."

"그래? 그럼 누나가?"

"아니오."

"그럼 누가 사오라고 했니?"

"네 살짜리 동생이 쓸 건데요."

"네 동생이 쓸 거라고?"

그러자 아홉 살짜리 꼬마가 흐뭇한 표정으로 말했다.

"TV에서 선전한 걸 보고 동생한테 선물하려구요. 이걸 사용하면 수영도 할 수 있고, 자전거도 마음대로 탈 수 있다고 해서요."

어느 고등학교에서 있었던 일

XX 고교에서 있었던 실화입니다.

선생님이 수업을 하는데 뒤에서 떠드는 것이었습니다.

그래서 뒤를 힐끔 쳐다보니 한놈이 장난을 치며 놀고 있는 것이었습니다.

"저것이!! 나는 쎄가 빠지게 칠판에 글쓰고 있구만은…."

그래서 그 녀석을 잡아냈습니다.

하지만 그것은 그 선생님의 실수였습니다.

잡힌 넘 뒤에 놈이 진범이었던 것입니다

억울한 누명을 쓴 한 학생, 선생님에게 따귀를 한 대 맞았습니다.

그러자 학생은 선생님을 째려보며

"왜 때려요?!!!"

그러자 선생님이 한 대 더 때리면서

"야이 임마! 니가 한 짓을 모르겠어???!! 엉!!"

그러자 학생은 더 째려보며

"제가 뭘 했다구요!!!"

그러자 흥분한 선생님은 밀대 자루를 뽑아서

8~10대 정도 더 때렸습니다.(파워 만땅으로)

억울한 학생, 복수를 다짐하면서 제 자리로 돌아왔습니다.

30초 정도 후 갑자기 정말 억울하다는 생각이 들었던 그 학생…

자리를 박차고 일어나더니 옆에 있던 주전자를 들고 선생님에게 다가갔습니다.

선생님은 놀라서 뒤로 물러섰고 학생은 주전자를 들고 교실 밖으로 나가버렸습니다.

방과 후….

친구들이 집에 가다보니 운동장에 느티나무 아래에서 주전자를 안고 울고 있는 그 학생을 발견했습니다.

"야! 너 왜 거기 있어??"

"………."

"우리는 니가 아무짓도 안한 거 알고 있으니깐 내일 선생님께 같이 따지자!!"

라고 한 녀석이 말했습니다.

"너희들은 진정한 내 친구들이야!!"

라고 맞은 녀석이 말했습니다.(울면서)

그런데 한 녀석이 물었습니다.

"야 근데, 너 주전자는 왜 들고 나왔냐???"

그러가 녀석이 대답하기를

"난 책가방인 줄 알았다……"